Brigitte Mramor

Himmlisches im Glas

Einzigartige Rezepte von Welt der Frau und Wiener Zucker

welt der frau

WIENER ZUCKER

Impressum:

Himmlisches im Glas – Einzigartige Rezepte von Welt der Frau und Wiener Zucker
Autorin: Brigitte Mramor

Cover/Fotos: foto & style, Theresa Schrems, 1060 Wien; Foodstyling: Alexander Knakal, 3400 Klosterneuburg
Fruchtabbildungen: ©ostromec-Fotolia.com, ©volff-Fotolia.com, ©cogipix-Fotolia.com, ©Miroslawa Drozdowski-Fotolia.com, ©camera-me.com-Fotolia.com, ©Ernst Fretz-Fotolia.com, ©Alexandr Vlassyuk-Fotolia.com, ©HLPhoto-Fotolia.com
Grafik Design: Jesnerdesign, Mag. Lois Jesner, 4040 Linz
Druck und Bindung: Krammer Repro Flexo Print GmbH, 4020 Linz
978-3-200-02330-7

Vorwort

Viele von uns haben noch die mit roten Backen einkochende Großmutter in Erinnerung. Inzwischen steht eine Generation von Frauen und Männern am Herd, die sozusagen aus der Pflicht eine Kür gemacht hat: Mit Wiener Gelierzucker und der modernen Küchentechnik ist Einkochen zu einem kreativen Hobby geworden! Wenn sich auch die Motive für das Einkochen in den letzten Jahrzehnten geändert haben, eines ist geblieben: die Gewissheit etwas zuzubereiten, das die gewünschte Qualität aufweist und dem persönlichen Geschmack entspricht – etwas, das man nicht kaufen kann!

Feine Marmeladen, außergewöhnliche Gelees, fruchtige Sirupe, pikante Chutneys oder Früchte in Alkohol, mit duftenden Gewürzen und anregendem „Geist“ parfümiert – Einkochen macht Spaß und geht mit den Wiener Gelierzucker-Produkten noch dazu ganz schnell!

Man muss keine besonders gute Köchin und kein erfahrener Hobbykoch sein, um Früchte zu Delikatessen zu verarbeiten. Wer einige wenige Grundregeln beachtet, wird rasch bemerken, wie leicht man Rezepte variieren, geschmacklich verändern und dadurch wieder neue Rezepte kreieren kann. Viele gute Tipps in diesem Kochbuch geben Anregungen dazu, damit Sie jede Ihrer Fruchtzubereitungen mit Stolz präsentieren können.

Lassen Sie sich in die Welt der selbst gemachten, fruchtigen Köstlichkeiten entführen!

Wir wünschen Ihnen gutes Gelingen und genussreiche Stunden im Kreise Ihrer Lieben!

Herzlichst
Ihre Brigitte Kramer

Inhalt

HERBST

WINTER

Alphabetisches Inhaltsverzeichnis

Das Einkoch-Einmaleins

Ernte und Auswahl der Früchte

Wie beim Kochen sollten alle Zutaten auch beim Einkochen die beste Qualität aufweisen, damit das Endprodukt fruchtig und aromatisch schmeckt. Zum Einkochen am besten heimische, frisch geerntete, feste und reife Früchte verwenden. Obst verliert auf langen Transportwegen – ebenso wie beim Kochen – Vitamine und Nährstoffe. Deshalb ist es so wichtig, frisch gepflückte Früchte zu verwenden und diese sofort schonend zu verarbeiten. Kräuter weisen das beste Aroma auf, wenn man sie am frühen Vormittag oder gegen Abend erntet. Beim Kauf zu frischen Freilandkräutern greifen!

Schritt für Schritt

Der erste Schritt ist sicherzustellen, dass ausreichend Gläser, Flaschen, Wiener Gelierzucker-Produkte und die notwendigen Utensilien wie Waage, Obstmesser, Stabmixer, Küchenmaschine, Flotte Lotte, Haarsieb, Mulltuch, Trichter und Messbecher vorhanden sind.

Alle Einkochutensilien müssen sauber und fettfrei sein. Ein Holz- oder Kunststoffkochlöffel soll ausschließlich zum Einkochen verwendet und jedes Jahr erneuert werden. Zur hygienischen Vorbereitung Marmeladegläser, Flaschen und Verschlüsse im kochenden Wasser sterilisieren und 15 Minuten im 110 °C heißen Backrohr trocknen lassen. Wer einen Geschirrspüler besitzt, erspart sich bei Marmeladegläsern das Auskochen. Gläser, Flaschen und Verschlüsse dürfen nicht beschädigt sein.

Zum Kochen der Früchte eignet sich am besten ein breiter Edelstahltopf mit dickem Boden, der so groß ist, dass er mit dem jeweiligen Frucht-Zucker-Gemisch nur halb gefüllt ist.

Vorbereitung

Um die gewünschte Gelierung zu erreichen, nie mehr als 1 ½ kg Früchte in einem Kochvorgang verarbeiten. Bei zu großen Obstmengen die vorbereiteten Früchte im richtigen Verhältnis mit Wiener Gelierzucker vermischen, über Nacht an einen kühlen Ort stellen und die Fruchtzubereitung am nächsten Tag kochen.

Wer Früchte einfriert, verschafft sich nicht nur die für das Einkochen notwendige Muße, sondern auch den Vorteil, Marmelade immer wieder frisch zuzubereiten bzw. die gefrorenen Früchte mit solchen aus anderen Saisonen zu neuen Mischvarianten zu verarbeiten. Daher sollte man schon beim Einfrieren daran denken, die Früchte halbkilo- oder kiloweise abzuwiegen und ohne Zucker einzufrieren.

Konfitüren und Marmeladen

Grundsätzlich werden beim Einkochen mit Wiener Gelierzucker die Früchte unvorbereitet gewogen. Das Obst nach dem Abwiegen unter fließendem Wasser waschen und gut abtropfen lassen. Erst danach Stiele und schadhafte Stellen entfernen und die Früchte entkernen. Das Obst für Konfitüren in kleine Stücke schneiden, für Marmelade musig zerkleinern (Beeren zerdrücken). Je kleiner die Fruchtstückchen, desto kürzer ist die Kochzeit, umso schonender die Zubereitung.

Wiener Gelierzucker vor allem bei pürierten Früchten so rasch wie möglich darunterrühren: Zucker erzeugt durch seine Wasserlöslichkeit ein Milieu, in dem sich Bakterien nicht entwickeln können. Vor allem die in Marillen enthaltenen Fermente bzw. die Oxidation der fruchteigenen Ascorbinsäure können rasch zu einer Farb- wie auch Geschmacksveränderung führen.

Das Frucht-Zucker-Gemisch unter ständigem Rühren zum Kochen bringen. Die Kochzeit beginnt erst, wenn das Einkochgut sprudelnd kocht.

Die angegebenen Kochzeiten (6–8 Minuten) sind aufgrund der unterschiedlichen Beschaffenheit der Früchte (wie z. B. Eigenpektin- bzw. Wassergehalt zur Zeit der Ernte) nur ein Anhaltspunkt, mittels der Gelierprobe wird festgestellt, ob die Frucht-Zucker-Masse geliert hat.

Gelierprobe

Topf von der Herdplatte ziehen, damit die Marmelade nicht überkocht. Einige Tropfen des Einkochgutes auf einen kalten, glatten Teller geben. Wird diese Probe beim Erkalten fest, ist die Marmelade fertig. Alternativ mit einem Zuckerthermometer messen: Die Marmelade geliert bei 104 °C.

Fruchtzubereitungen mit Wiener Gelierzucker nie länger als 10 Minuten kochen, da das enthaltene natürliche Pektin zerkocht und die Marmelade flüssig bleibt. Konfitüren aus gefrorenen Früchten mindestens 8 Minuten kochen.

Der vorwiegend beim Kochen von eiweißreichen Früchten entstehende Schaum stellt keine Qualitätsbeeinträchtigung dar. Da sich aber im Schaum Bakterien bilden können, schöpft man ihn vor dem Abfüllen ab.

Verfeinern und Würzen

Bei der Verfeinerung von Marmeladen mit Obstbränden oder Likören sowie bei der Aromatisierung mit Gewürzen (Zimt, Vanille, Ingwer) gilt der Grundsatz „Weniger ist mehr“! Wichtig: Alkoholisches wird erst dazugegeben, wenn die Marmelade fertig gekocht ist und nicht mehr auf der Herdplatte steht. Mitgekochte Gewürzstücke vor dem Abfüllen aus dem Einkochgut nehmen.

In der Fruchtzubereitung verbleibende Zutaten wie Nüsse, Blüten oder Kräuter verringern die Haltbarkeit.

Vor dem Abfüllen die Gläser auf ein feuchtes Tuch stellen, damit sie durch den plötzlichen Temperaturwechsel nicht springen. Marmeladen und Gelees bis zum Rand in die Gläser füllen. Wichtig ist ein sauberer Glasrand, damit Deckel und Verschlüsse exakt schließen. Marmeladegläser für 10 Minuten auf den Kopf stellen, dadurch werden eventuelle Keime und Bakterien im Glas unschädlich gemacht.

Gelees

Wer auf klare Gelees großen Wert legt, sollte den Fruchtsaft im Dampfentsafter gewinnen. Ein Vorteil dabei ist, dass durch die Dampfhitze die fruchteigenen Gelierstoffe besser erschlossen werden und die Kochzeit kürzer ist.

Mehr Vitamine und Vitalstoffe der Früchte bleiben jedoch erhalten, wenn der Fruchtsaft durch einen Kaltauszug (mit in Wasser aufgelöster Zitronensäure) oder durch kurzes Aufkochen der Früchte gewonnen wird.

Das Gelee in möglichst kleine, glattwandige Gefäße füllen und gut verschlossen einige Tage ruhig an einem kühlen Ort stehen lassen.

Kompotte

Für Kompotte kann man die Früchte roh, blanchiert oder gekocht in Gläser füllen. Beim Auffüllen roher oder blanchierter Früchte mit Kompottsaft einen ca. 2 cm breiten Rand frei lassen. Die verschlossenen Gläser in eine 2 cm hoch mit Wasser befüllte Pfanne stellen und auf der untersten Schiene in das auf 175 °C vorgeheizte Backrohr schieben. Die Kompottgläser dürfen sich nicht berühren.

Je nach Größe und Anzahl der Gläser dauert es bis zu 45 Minuten, bis in den Gläsern kleine Perlen aufsteigen. Dann beginnt die Pasteurisierzeit von 20–30 Minuten. Backrohrtür einen Spalt breit öffnen und die Kompottgläser abkühlen lassen.

Quasi rezeptfrei.

Sirup machen so einfach wie nie.

Himbeersirup

1 kg Himbeeren
1/2 l Wasser
~~1 kg Feinkristallzucker~~
~~etwas Zitronensäure~~
1 kg Wiener Sirupzucker für Beeren

- Einfache und schnelle Herstellung.
- Fertigmischung: richtiges Verhältnis der Zutaten für perfekten Sirupgenuss.
- Ohne Konservierungsmittel, Farbstoffe oder Aromen.

Die Zuckerseiten Österreichs.

Zubereitung

Himbeeren waschen, mit dem Wasser 10 Min. kochen. ~~Zitronensäure in einer Tasse Zuckerwasser auflösen.~~ Ausgekühlte Himbeermasse mit ~~Zitronensäure und Zucker~~ Wiener Sirupzucker vermengen und über Nacht kühl stellen. Saft auspressen und abseihen. Sirup 3 Min. kochen und in heiße sterile Flaschen füllen. Verschließen und kühl lagern.

Mehr Rezepte unter www.wiener-zucker.at

Demner, Merlicek & Bergmann

Grundrezept Marmeladen und Konfitüren

1. Die Früchte kurz unter fließendem Wasser waschen und gut abtropfen lassen. Druckstellen ausschneiden, Stiele und Kerne entfernen und – je nach Beschaffenheit – halbieren oder vierteln.

Für Marmeladen Beeren zerdrücken, Kernobst musig zerkleinern.

Für Konfitüren nur die Hälfte der Früchte musig zerkleinern, den Rest in Stücke schneiden.

2. Die Fruchtmasse sofort mit Wiener Gelierzucker gut verrühren, unter Rühren zum Kochen bringen.

3. Die Fruchtmasse 5–8 Minuten unter ständigem Rühren sprudelnd kochen. Gelierprobe machen!

4. Kochtopf vom Herd nehmen, Fruchtmasse nach Geschmack oder Rezept mit Alkoholischem verfeinern, mitgekochte Gewürze entfernen. Sofort in vorbereitete Gläser füllen und gut verschließen.

5. Die Marmeladegläser an einem kühlen Ort einige Tage ruhig stehen lassen, dann die Verschlüsse nochmals kontrollieren, die Gläser beschriften, trocken, kühl und dunkel lagern.

Grundrezept Gelees

1. Ohne Zucker gewonnenen Fruchtsaft abmessen; Fruchtsaft im richtigen Verhältnis mit Wiener Gelierzucker gut verrühren und unter Rühren zum Kochen bringen.

2. Fruchtsaft 5–8 Minuten unter ständigem Rühren sprudelnd kochen. Gelierprobe machen.

3. Das fertig gekochte Gelee sofort in vorbereitete Gläser füllen und gut verschließen. Gelee füllt man in möglichst kleine Gläser, weil es darin rascher abkühlt und fest wird.

4. Die Gläser an einem kühlen Ort einige Tage ruhig stehen lassen, dann die Verschlüsse nochmals kontrollieren, die Gläser beschriften, trocken, kühl und dunkel lagern.

Grundrezept Kompotte

Für Kompotte gilt die Faustregel, pro Kilogramm Frucht aus einem halben Liter Wasser und 200 g Wiener Zucker sowie aromatisierenden Zutaten (Zimtstange, Nelken etc.) Läuterzucker zu kochen. Verwendet man Wiener Gelierzucker 1:1, wird der Kompottsaft sämiger.

Grundrezept für Kräuter- und Blütensirupe

1. Kräuter oder Blüten ausschütteln. Von den Stängeln befreien. Die Blätter bzw. Blütendolden in ein hitzebeständiges Gefäß geben.

2. Wiener Sirupzucker für Kräuter in heißem Wasser auflösen (pro Kilogramm Sirupzucker $^3/_4$ Liter Wasser). Kochen, bis die Lösung klar ist, und auf die Kräuterblätter bzw. Blütendolden gießen. In der Zuckerlösung 48 Stunden kühl stellen.

3. Sirup durch ein feines Sieb abseihen, in sterile Flaschen füllen, gut verschließen und kühl lagern.

Für eine längere Haltbarkeit Sirup vor dem Abfüllen 3 Minuten kochen. Nach dem Öffnen im Kühlschrank lagern und rasch verbrauchen.

Verdünnung:
1 Teil Sirup + 6 Teile Wasser

Grundrezept für Beeren- und Fruchtsirupe

1. 1 kg vorbereitetes Obst (gewaschen, entstielt, entkernt) mit ½ l Wasser ca. 5 Minuten weich kochen.

2. Die ausgekühlte Masse mit Wiener Sirupzucker für Beeren vermischen und über Nacht zugedeckt kühl stellen.

3. Die Fruchtmasse auspressen und durch ein feines Sieb in den Kochtopf seihen. Sirup aufkochen und 3 Minuten kochen. Noch heiß in sterile Flaschen füllen, gut verschließen und kühl lagern.

Verdünnung:
1 Teil Sirup + 6 Teile Wasser

Sirupzubereitung im Dampfentsafter

Die vorbereiteten Früchte im Verhältnis 1:1 mit Wiener Sirupzucker für Beeren vermengen und über Nacht kühl stellen.

Die Mischung in den Dampfentsafter geben und nach Geräteanleitung entsaften. Sirup in sterile Flaschen füllen, gut verschließen und kühl lagern.

Die Wiener Gelierzucker-Sorten

Wiener Gelierzucker 1:1

Ein Teil Frucht, ein Teil Gelierzucker.

Der traditionelle Spezialzucker für klassisch-süße Konfitüren, Marmeladen und Gelees. Die Inhaltsstoffe bewirken die Gelierung, der Zucker wirkt konservierend. Mit Wiener Gelierzucker 1:1 eingekochte Marmeladen halten mindestens ein Jahr.

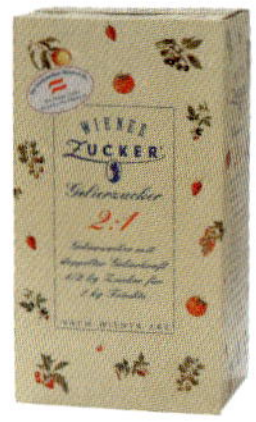

Wiener Gelierzucker 2:1

Zwei Teile Frucht, ein Teil Gelierzucker.

Der leichte Gelierzucker für fruchtig-süße Fruchtzubereitungen. Natürliches Gelieren wird durch Pektin unterstützt. Mit Wiener Gelierzucker 2:1 eingekochte Marmeladen halten mindestens ein Jahr.

Wiener Bio Gelierzucker 2:1

Zwei Teile Frucht, ein Teil Gelierzucker.

Für Bio-Fans gibt es Wiener Gelierzucker 2:1 jetzt auch in Bio-Qualität. Für fruchtig-leichte Marmeladen und Konfitüren. Mit Bio Gelierzucker 2:1 eingekochte Marmeladen halten einige Monate.

Wiener Gelierzucker 3:1

Drei Teile Frucht, ein Teil Gelierzucker.

Der Gelierzucker für alle, die Wert auf leichte Ernährung legen. Mit Wiener Gelierzucker 3:1 eingekochte Marmeladen halten mindestens ein halbes Jahr.

Wiener Sirupzucker für Kräuter

Wiener Sirupzucker für Kräuter ist die Basis für köstliche Säfte aus Holunderblüten und Kräutern aller Art wie Zitronenmelisse oder Minze. Wiener Sirupzucker für Kräuter besteht aus Wiener Feinkristallzucker und Zitronensäure – im richtigen Verhältnis gemischt – und enthält keine Konservierungsmittel, Farbstoffe oder Aromen.

Wiener Sirupzucker für Beeren

Wiener Sirupzucker für Beeren bildet die Grundlage für fruchtige Getränke aus Erdbeeren, Kirschen, Weichseln, Himbeeren, Äpfeln und vielen mehr. Wiener Sirupzucker für Beeren besteht aus einer ausgewogenen Mischung von Wiener Feinkristallzucker, Zitronensäure und Pektinase und enthält keine Konservierungsmittel, Farbstoffe oder Aromen.

Die Wiener Spezialzucker-Sorten

Wiener Zucker Brauner Rohrzucker kristallin

Brauner Rohrzucker mit dem Fairtrade-Gütesiegel ist ein reines Naturprodukt und wird aus frisch geerntetem Zuckerrohr gewonnen.
Typisch ist seine goldbraune Farbe und sein fein aromatischer, karamellartiger Geschmack.
Jetzt neu in einer Verpackung von Tetra Pak! Erleichtert das Dosieren, schützt den Rohrzucker vor Feuchtigkeit und bewahrt sein typisches Aroma.

Wiener Bio Kristallzucker

Wiener Bio Kristallzucker eignet sich hervorragend zum Süßen von Speisen und Getränken. Er ist wie herkömmlicher Kristallzucker in der Küche vielseitig einsetzbar.
Der Klassiker in Bio-Qualität.

Wiener Braunzucker

Der Exotisch-Süße. Kristallzucker aus der Zuckerrübe, veredelt durch Karamellisierung und Zugabe von Zuckerrohrsirup. Wiener Braunzucker hebt die Würzkraft aller verwendeten Zutaten.

Wiener Kandiszucker

Die besonders großen Zuckerkristalle werden in einem aufwendigen Verfahren durch langsames Kristallisieren aus konzentrierter Zuckerlösung gewonnen.
Wiener Kandiszucker weiß eignet sich bestens zum Süßen von zarten Teesorten und zum Ansetzen von „geistigen" und „nicht geistigen" Getränken.

Wiener Kandiszucker braun erhält seine gelblichbraune Farbe durch Karamellisieren der Zuckerlösung. Er gibt kräftigen Teesorten, Glühwein, Grog und Punsch das besonders ausgeprägte Aroma.

Klassische Einkochfrüchte

Erdbeere

Erdbeeren sind die ersten Früchte im Rumtopf und erfreuen den Gaumen auch als Bowle. In Konfitüren und Marmeladen bleibt das köstliche Aroma gut erhalten. Zum Einkochen eignen sich am besten späte Sorten mit möglichst dunklem und festem Fruchtfleisch. Gemischt mit anderen Beeren, Rhabarber oder Ananas entstehen neue Geschmackserlebnisse.

Reife: ab Mai

Kirsche und Weichsel

Kirschen gibt es in großer Sortenvielfalt und in verschiedenen Farben – von Hellgelb über Rot bis Dunkelrot-Schwarz. Schwarzkirschen sind zum Frischverzehr besser geeignet als zum Konservieren. Hellrote und gelbe Kirschen schmecken im Rumtopf und als Kompott köstlich, rote, saftig-süße Sorten als Marmelade. Kirschlikör, Mandeln oder Schokolade heben das Aroma. Weichseln mit dem von Liebhabern so geschätzten süßsauren Geschmack eignen sich für Konfitüre, Kompott und Sirup.

Reife: ab Mai/Juni

Ribisel/Johannisbeere

Die traubenständigen Beeren sind reich an wertvollen Mineralstoffen, haben einen hohen Säure- und Vitamin-C-Gehalt (Schwarze Ribiseln dreimal mehr als Rote und Weiße Ribiseln) und enthalten viel Eigenpektin, daher sind sie bestens zur Marmelade- und Geleeherstellung und für erfrischende Sirupe geeignet. Ribiseln harmonieren in Mischmarmeladen mit Beeren wie Himbeeren und Erdbeeren, mit Pfirsichen und – etwas ausgefallen – mit Karotten.

Reife: ab Juni

Himbeere

Seit die süßen, roten Beeren auch in vielen Hausgärten zu finden sind, werden Sirupe und Marmeladen wieder öfter selbst zubereitet, da diese zur Vollendung von Desserts und Keksen unverzichtbar sind. Himbeeren schmecken auch gemischt mit allen anderen Beeren oder Kiwis.

Reife: Sommerhimbeeren Juni/Juli,
Herbsthimbeeren August/September

Marille/Aprikose

Aufgrund des fein säuerlichen Aromas sind Marillen nicht nur als Frischobst, sondern auch als Kompott, Bowle, Sirup und Likör begehrt. Nach wie vor ist Marillenmarmelade die beliebteste Marmeladensorte. Gemischt mit Stachelbeeren, Kirschen oder Äpfeln, als Marillenröster, in Alkohol eingelegt oder als Chutney sorgen Marillen bis zur nächsten Saison für kulinarische Abwechslung.

Reife: Juni bis August

Einkochkalender

	Jänner	Februar	März	April	Mai	Juni	Juli	August	September	Oktober	November	Dezember
Ananas	X	X	X	X								
Äpfel									X	X		
Birnen								X	X	X		
Brombeeren							X	X	X			
Dirndln (Kornelkirschen)								X	X			
Erdbeeren					X	X	X					
Feigen						X	X	X	X			
Grapefruits	X	X	X	X	X	X	X	X	X	X	X	X
Heidelbeeren							X	X	X			
Himbeeren						X	X	X	X			
Holunderbeeren								X	X	X		
Holunderblüten					X							
Kirschen					X	X						
Kiwis									X	X		
Kürbisse								X	X			
Mangos	X	X	X	X	X	X	X	X	X	X	X	X
Marillen						X	X	X				
Melonen					X	X	X	X	X			
Mirabellen								X	X			
Nektarinen							X	X				
Orangen	X	X	X								X	X
Paradeiser (Tomaten)					X	X	X	X	X			
Pfirsiche							X	X				
Pflaumen							X	X				
Preiselbeeren									X	X	X	
Quitten									X	X	X	
Rhabarber				X	X	X						
Ribiseln (Johannisbeeren)						X	X	X				
Ringlotten								X				
Stachelbeeren						X	X					
Weichseln						X	X					
Weintrauben								X	X	X		
Zucchini					X	X	X	X	X	X		
Zwetschken								X	X	X		

Glossar

Cranberry	Moosbeere, Kranbeere
Dirndl	Kornelkirsche
Heidelbeere	Blaubeere
Karotte	Möhre
Kirsche	Süßkirsche
Marille	Aprikose
Maroni	Marone, Edelkastanie
Orange	Apfelsine
Paradeiser	Tomate
Ribisel	Johannisbeere
Weichsel	Sauerkirsche

Abkürzungserklärungen

Msp.	Messerspitze (= Prise)
TL	Teelöffel
EL	Esslöffel
ml	Milliliter (1 Liter = 1000 ml)
cl	Zentiliter (1 Liter = 100 cl)
dl	Deziliter (1 Liter = 10 dl)
	Schreibweise auch: 0,1 l
l	Liter
g	Gramm (1 kg = 1000 g)
kg	Kilogramm

FRÜHJAHR

Rhabarber-Erdbeer-Minz-Konfitüre

Zutaten:

500 g Rhabarber
500 g Erdbeeren
500 g Wiener Bio Gelierzucker 2:1
2 Zweige Erdbeerminze

Gewaschenen, geputzten und geschälten Rhabarber in kleine Stücke schneiden. Erdbeeren waschen, gut abtropfen lassen, von den Stielen befreien und in Stücke schneiden. Rhabarber und Erdbeeren mit Bio Gelierzucker verrühren und an einem kühlen Ort 1–2 Stunden ziehen lassen.

Dann die Masse unter Rühren zum Kochen bringen. 6–8 Minuten sprudelnd kochen. Gelierprobe machen. Die vorbereiteten, trockenen Blätter der Erdbeerminze fein wiegen, in die fertige Konfitüre rühren und in vorbereitete Gläser füllen. Gut verschlossen für 10 Minuten auf den Kopf stellen.

Rhabarbersauce

Zutaten:

2 kg Rhabarber
500 g Wiener Gelierzucker 2:1

Rhabarber waschen, putzen und in hauchdünne Scheiben schneiden. In einer Schüssel gut mit Gelierzucker verrühren und an einen kühlen Ort stellen, bis der Rhabarber Wasser gezogen hat. Das Backrohr auf 175 °C vorheizen.

Die Frucht-Zucker-Masse in eine feuerfeste Form füllen, mit einer doppelten Lage Alufolie verschließen und für 30 Minuten in das Backrohr stellen. Anschließend verrühren, noch heiß in kleine Gläser abfüllen, gut verschließen und kühl stellen.

Tipps:

Rhabarbersauce und Vanillecreme, lagenweise in ein Dessertglas gefüllt, ergeben ein erfrischendes Dessert.

Die Rhabarbersauce hält sich bei guten Lagerbedingungen bis zu einem halben Jahr.

Holunderblütensirup

Zutaten:

15–20 Dolden
Holunderblüten
1 kg Wiener Sirupzucker
für Kräuter
$^3/_4$ l Wasser

Blütendolden gut ausschütteln, von den starken Stängeln befreien und in ein hitzebeständiges Gefäß geben.

Den Sirupzucker in heißem Wasser auflösen, aufkochen und kochen lassen, bis die Lösung klar ist.

Die Zuckerlösung auf die Blüten gießen, zudecken und 48 Stunden kühl stellen.

Sirup abseihen, für eine längere Haltbarkeit 3 Minuten kochen, noch heiß in sterile Flaschen füllen, gut verschließen und kühl lagern.

Verdünnung: 1 Teil Sirup + 6 Teile Wasser

Tipp:

Holunderblütensirup eignet sich besonders gut für Holundersekt oder einen so genannten Kaiserspritzer: Etwas Sirup und Weißwein ins Glas leeren, mit Sodawasser aufspritzen, mit Eiswürfeln und Zitronenscheibe servieren.

Wiener Sirupzucker für Holunderblüten & Kräuter

Feinkristallzucker mit Zitronensäure im richtigen Verhältnis gemischt, zur schnellen und einfachen Zubereitung von selbst gemachten Sirupen aus Holunderblüten & Kräutern. Ohne Konservierungsmittel, ohne Farbstoffe oder Aromen.

Erdbeer-Chili-Pfeffer-Konfitüre

Zutaten:

1 kg Erdbeeren
1 kleine getrocknete Chilischote
1 TL frisch geriebener Ingwer
500 g Wiener Bio Gelierzucker 2:1
1 TL grob gemahlener schwarzer Pfeffer

Erdbeeren waschen, gut abtropfen lassen und entstielen, die Hälfte davon im Topf mit dem Stabmixer musig zerkleinern, restliche Erdbeeren in Stücke schneiden und dazugeben. Die Chilischote putzen und von den Kernen befreien. Fein gehackt mit dem Ingwer zu den Erdbeeren geben.

Alles mit Bio Gelierzucker vermengen und unter Rühren zum Kochen bringen.

7 Minuten sprudelnd kochen. Gelierprobe machen. Sobald die Marmelade geliert hat, mit gemahlenem Pfeffer würzen.

Noch heiß in vorbereitete Gläser füllen und gut verschließen.

Variante:
Für eine noch fruchtigere Variante mischt man 500 g Erdbeeren und 500 g Kirschen mit 500 g Wiener Bio Gelierzucker 2:1.

Tipp:
Diese Konfitüre schmeckt vor allem zu speziellen Käsesorten wie Ziegenfrischkäse oder Cheddar und auf salzigen Crackern mit Ricotta oder zu Schafmilchjoghurt.

WIENER ZUCKER
Bio Gelierzucker 2:1
1/2 kg Zucker für 1 kg Früchte
nach Wiener Art

Erdbeer-Orangen-Konfitüre

Zutaten:

750 g Erdbeeren
1 kg Wiener Gelierzucker 1:1
2 unbehandelte Orangen
1 TL Grüne Kardamomkapseln

Erdbeeren waschen, gut abtropfen lassen, entstielen, in Stücke schneiden und mit Gelierzucker vermengen.

Orangen unter heißem Wasser waschen und trocken tupfen. Die Schale der Orangen – am besten mit einem Zestenreißer – abschaben und mit dem ausgepressten Saft der Orangen in die Erdbeer-Gelierzucker-Mischung rühren.

Kardamomkapseln zerdrücken und die Schale entfernen. Die Samen zerstoßen und ebenfalls darunterrühren.

Die Frucht-Zucker-Masse unter Rühren zum Kochen bringen. 7–9 Minuten sprudelnd kochen. Gelierprobe machen. Noch heiß in vorbereitete Gläser füllen und gut verschließen.

Tipp:
Ist kein Zestenreißer vorhanden, Orangen mit einem scharfen Messer schälen, ohne die weiße Schalenschicht mitzuschälen. Fein gehackt zur Frucht-Zucker-Mischung geben.

Wiener Gelierzucker 1:1
Der klassische Wiener Gelierzucker 1:1 ist Feinkristallzucker, vermengt mit Pektin und Zitronensäure. Die Inhaltsstoffe bewirken die Gelierung und der Zucker wirkt konservierend. Früchte ganz einfach im Verhältnis 1:1 mit Wiener Gelierzucker zubereiten.

Erdbeerkonfitüre mit Vanille und Schokolade

Zutaten:

1,5 kg Erdbeeren
500 g Wiener Gelierzucker 3:1
1 Vanilleschote
40 g Bitterschokolade (Kochschokolade)

Erdbeeren waschen, gut abtropfen lassen und entstielen. Die Hälfte pürieren, restliche Erdbeeren in Stücke schneiden, dazugeben und mit Gelierzucker verrühren. Das ausgeschabte Mark der Vanilleschote darunterziehen und die Schotenhälften dazugeben. An einem kühlen Ort 1–2 Stunden ziehen lassen.

Die Fruchtmasse unter Rühren zum Kochen bringen und 7–9 Minuten sprudelnd kochen.

Gelierprobe machen.

Kochtopf von der Herdplatte nehmen, Vanilleschote entfernen. Die in kleine Stücke geschnittene Schokolade darunterrühren und rasch in vorbereitete Gläser füllen; gut verschließen.

Tipp:
Vanilleschote nach dem Kochen unter kaltem Wasser abspülen, auf Küchenpapier abtropfen lassen und in einem verschließbaren Glas für eine neuerliche Verwendung autheben.

Erdbeer-Ananas-Konfitüre

Zutaten:

700 g Erdbeeren
300 g frische Ananas, in kleine Stücke geschnitten
500 g Wiener Gelierzucker 2:1
2–3 Stück kandierter Ingwer
2 Zweige Orangenminze

Erdbeeren waschen, gut abtropfen lassen und entstielen. Zwei Drittel davon pürieren, die restlichen in kleine Stücke schneiden. Mit Ananasstücken und Gelierzucker verrühren. Den klein geschnittenen Ingwer und die Orangenminze dazugeben und 1–2 Stunden kühl stellen.

Die Frucht-Zucker-Masse unter Rühren zum Kochen bringen. 7–9 Minuten sprudelnd kochen. Gelierprobe machen.

Topf beiseitestellen und Orangenminze herausnehmen. Noch heiß in vorbereitete Gläser füllen; gut verschließen.

Tipp:
Ananas und Ingwer verleihen der Konfitüre eine erfrischende Note. Sie schmeckt vorzüglich auf einem mit Butter bestrichenen Croissant und als Füllung eines Schokoladekuchens.

Wiener Gelierzucker 2:1
Für leichtere Marmeladen eignet sich am besten Wiener Gelierzucker 2:1. Feinkristallzucker, Zitronensäure und Pektin garantieren natürliches Gelieren. Früchte und Gelierzucker werden im Verhältnis 2:1 verarbeitet.

WIENER
ZUCKER
Gelierzucker
2:1

Erdbeer-Balsamico-Marmelade

Zutaten:

350 g Erdbeeren
100 ml Balsamessig Erdbeere
100 g Wiener Gelierzucker 3:1

Erdbeeren waschen, gut abtropfen lassen und entstielen. Ungefähr 1/3 davon in gleichmäßig große Stücke schneiden, mit dem Essig leicht köcheln lassen, bis ein Großteil der Flüssigkeit verdampft und die Masse siruparti eingekocht ist.

Die restlichen Erdbeeren ebenfalls in Stücke schneiden und mit Gelierzucker verrühren. Ein Mal aufkochen, den Topf von der Herdplatte nehmen und die Masse pürieren.

Unter ständigem Rühren 5 Minuten sprudelnd kochen, die mit dem Essig gekochten Erdbeeren dazugeben, gut verrühren und noch ein Mal aufkochen.

Rasch in vorbereitete Gläser füllen und gut verschließen.

Variante:
Nach Geschmack kann diese pikante Marmelade mit grob gemahlenen rosa oder schwarzen Pfefferkörnern oder mit 1–2 TL scharfem Senf variiert werden.

Tipp:
Schmeckt würzig und harmoniert mit herzhaften Käsesorten.

Wiener Gelierzucker 3:1
Die ideale Wahl für sehr leichte Marmeladen, Gelees oder Konfitüren ist Wiener Gelierzucker 3:1. Perfekt für die Herstellung von Obst mit viel Eigensüße, so kann das Aroma der Früchte voll zur Geltung kommen. Früchte ganz einfach im Verhältnis 3:1 mit Wiener Gelierzucker zubereiten.

SORTE:
Erdbeere
mit Wiener Zucker
Selbst gemacht:

Kirschensirup

Zutaten:

1 kg Kirschen
½ l Wasser
1 kg Wiener Sirupzucker für Beeren

Gewaschene, entkernte Kirschen mit dem Wasser zum Kochen bringen und ca. 5 Minuten kochen.

Ausgekühlt mit Sirupzucker vermengen und über Nacht kühl stellen.

Die Fruchtmasse mit Hilfe eines Mulltuches auspressen und den Saft durch ein feines Sieb abseihen.
Sirup aufkochen, 3 Minuten kochen und heiß in sterile Flaschen füllen. Gut verschließen und kühl lagern.

Verdünnung: 1 Teil Sirup + 6 Teile Wasser

Wiener Sirupzucker für Beeren
Sirup machen leicht gemacht! Mit Wiener Sirupzucker für Beeren und Steinobst gelingen fruchtige Erfrischungsgetränke im Handumdrehen. Erprobte Rezeptur garantiert längere Haltbarkeit.

Kirschenbowle

Zutaten:

500 g Kirschen
150 g Wiener Bio Kristallzucker
4 cl Kirschlikör (20 Vol.-%)
3/4 l fruchtiger trockener Roséwein (z. B. Cabernet Sauvignon oder Blauer Zweigelt)
3/4 l trockener Sekt

Gewaschene, entkernte Kirschen mit Bio Kristallzucker und Kirschlikör in ein Bowlegefäß geben, vorsichtig vermischen und ca. 2 Stunden an einem kühlen Ort durchziehen lassen.

Wein dazugießen. Nochmals 2 Stunden kühl stellen.

Kurz vor dem Servieren mit gekühltem Sekt aufgießen.

Tipp:
Auch Bowlen schmecken nur dann gut, wenn man dafür Zutaten bester Qualität verwendet.

Kirschenmarmelade mit Mandeln

Zutaten:

1 kg Kirschen
500 g Wiener Bio Gelierzucker 2:1
50 g Mandelstifte
2 EL Wiener Staubzucker
1 Msp. Zimt
2 EL Mandellikör (25 Vol.-%)

Kirschen waschen, gut abtropfen lassen, entstielen und entkernen. Den dabei entstehenden Saft auffangen. Kirschen und Kirschensaft mit Bio Gelierzucker verrühren und 1–2 Stunden kühl stellen.

Mandelstifte klein hacken und mit Staubzucker in einer beschichteten Pfanne karamellisieren. Vom Herd nehmen und mit Zimt würzen.

Die Kirschen-Gelierzucker-Mischung unter Rühren 2 Minuten kochen. Topf von der Herdplatte nehmen und die Früchte mit einem Stabmixer pürieren. Mandeln dazugeben. 6 Minuten sprudelnd kochen. Gelierprobe machen.

Topf beiseitestellen und den Mandellikör darunterrühren. Rasch in sterile Gläser füllen. Gut verschlossen für 10 Minuten auf den Kopf stellen.

Tipp:
Die karamellisierten Mandelstückchen auf Backpapier geben und voneinander trennen. Dadurch bleiben sie nicht am Pfannenboden haften und kleben nicht aneinander.

Kirschenkompott

Zutaten:

2 kg Kirschen
1 l Wasser
300 g Wiener Gelierzucker 1:1
2 EL Zitronensaft
1 EL abgeriebene Schale einer unbehandelten Zitrone
2 Zimtstangen
5 Gewürznelken

Kirschen waschen, gut abtropfen lassen, halbieren und entkernen. Wasser mit Gelierzucker, Zitronensaft, Zitronenschale und den Gewürzen unter Rühren aufkochen, bis sich der Zucker aufgelöst hat.

Gewürze entfernen.

Kirschen eng in Marmeladegläser schlichten, mit der abgekühlten Zuckerlösung bedecken, sodass 2 cm bis zum Glasrand frei bleiben.

Die Gläser gut verschließen, in einer 2 cm hoch mit Wasser gefüllten Pfanne in das vorgeheizte Backrohr stellen. Ganze Früchte 25 Minuten, entkernte Früchte 20 Minuten bei 175 °C pasteurisieren.

Nach dem Ausschalten die Backrohrtür einen kleinen Spalt breit öffnen. Die Gläser erst herausnehmen, wenn sie ausgekühlt sind.

Variante:
Kirschenkompott mit Kirschwasser (Obstbrand) oder einem Schuss leichten Rotwein geschmacklich variieren!

SOMMER

Rumtopf

Zutaten

2,5 kg Wiener Bio Kristallzucker
500 g Erdbeeren
500 g Kirschen
500 g Marillen
500 g Pfirsiche
500 g Pflaumen
500 g Mirabellen
500 g Birnen
ca. 4 l STROH 60
1 Zimtstange
1 Vanilleschote
1 klassischer Rumtopf = 5-l-Steinzeugtopf mit Deckel, ersatzweise ein großes, verschließbares, steriles Glasgefäß

Tipp:
Kiwis und einige Stückchen Honigmelone bereichern den Rumtopf. Brombeeren, Stachelbeeren, Ribiseln und Äpfel sind nicht geeignet.

Jeweils zur Saison – beginnend mit Erdbeeren – den Rumtopf mit Früchten ergänzen. Nur gut gereifte, einwandfreie und frisch geerntete Früchte verwenden.
Rumtopfboden mit Bio Kristallzucker bedecken.

Ganze Erdbeeren mit 250 g Bio Kristallzucker vermischen, in den Rumtopf geben und mit 1 Liter Rum auffüllen.
Kirschen mit Kernen mit 500 g Bio Kristallzucker vermengen und mit Rum bedecken.
Marillen, entkernt, geschält und in Stücke geschnitten, mit 500 g Bio Kristallzucker vermengen, mit Rum bedecken.
Pfirsiche, entkernt, geschält und in Stücke geschnitten, mit 250 g Bio Kristallzucker vermengen, mit Rum bedecken.
Pflaumen, halbiert und entkernt, mit 250 g Bio Kristallzucker vermengen, mit Rum bedecken.
Mirabellen, halbiert und entkernt, mit 250 g Bio Kristallzucker vermengen, mit Rum bedecken.
Birnen, geschält, vom Kerngehäuse befreit, in Stücke geschnitten, mit 250 g Bio Kristallzucker vermengen, mit Rum bedecken.

Darauf achten, dass die Früchte immer 1–2 Finger breit mit Rum bedeckt sind. Den Rumtopf an einem kühlen, dunklen Ort aufbewahren.

4 Wochen nach der letzten Fruchtzugabe noch $^1/_2$ Liter Rum daraufgießen, eine Zimtstange und eine halbierte Vanilleschote dazugeben.

Traditionsgemäß wird am 1. Adventsonntag der Rumtopf erstmals verkostet – klassisch mit Eis, Schlagobers und Waffeln oder – wie auf unserem Serviervorschlag – mit Mascarino-Schlagobers-Creme.

BIO
KRISTALL
ZUCKER

Weichselkonfitüre

Zutaten:

1 kg Weichseln
1 Limette
1 kg Wiener Gelierzucker 1:1

Weichseln waschen, gut abtropfen lassen, entstielen, halbieren und entkernen. Limette sorgfältig waschen und abtrocknen. Die Schale mit einem Zestenreißer abschaben. Limette längs aufschneiden, eine Hälfte auspressen.

Die Weichselhälften mit Gelierzucker und Limettensaft gut verrühren, unter Rühren zum Kochen bringen und 2 Minuten kochen. Kochtopf beiseitestellen und die Weichseln teilweise mit dem Stabmixer pürieren. Limettenschale dazugeben.

Unter Rühren aufkochen, 4–6 Minuten sprudelnd kochen. Gelierprobe machen. Die Konfitüre sofort in vorbereitete Gläser füllen und verschließen.

Variante:
Konfitüre aus Kirschen und Holunderblüten von 6 Dolden zubereiten!

Tipps:
Gut gereifte Limetten sind gleichmäßig hellgrün gefärbt und haben einen glänzenden, leichten Gelbschimmer.

Schneidet man Limetten der Länge nach auf, ist die Saftausbeute größer.

WIENER
ZUCKER
Gelierzucker
Für feinste
Marmeladen
NACH WIENER ART
WIENER
ZUCKER
Gelierzucker
2:1
Gelierzucker mit
doppelter Gelierkraft
1/2 kg Zucker für
1 kg Früchte
NACH WIENER ART

Weichsel-Chutney

Zutaten:

500 g Weichseln, entkernt gewogen
1 kleine rote Zwiebel
2 EL Wiener Feinkristallzucker
100 ml Dessertwein
80 ml Balsamessig Kirsche
100 ml Kirschensaft
1 TL frisch geriebener Ingwer
10 grob gemahlene Pfefferkörner
1 Msp. Nelkenpulver
1 Zimtstange
100 g Wiener Gelierzucker 3:1

Weichseln waschen, abtropfen lassen, halbieren und entkernen.

Grob gehackte Zwiebel mit Feinkristallzucker in einer beschichteten Pfanne erhitzen und karamellisieren. Die Weichselhälften dazugeben, mit Wein ablöschen und mit Essig und Kirschensaft aufgießen. Die Gewürze dazugeben, unter Rühren zum Kochen bringen. 10 Minuten bei milder Hitze zugedeckt köcheln lassen.

Gelierzucker dazugeben, unter Rühren aufkochen. 5 Minuten sprudelnd kochen. Zimtstange entfernen. Heiß in vorbereitete Gläser füllen und sofort verschließen.

Tipps:
Das Chutney kühl und dunkel lagern und bald verbrauchen.

Schmeckt besonders gut zu Entenbrust, Gegrilltem, Fondue oder würzigen Käsesorten.

Dirndlmarmelade

Zutaten:

1 ½ kg gut gereifte Dirndln (Kornelkirschen)
$^{1}/_{4}$ l Wasser
1 kg Wiener Gelierzucker 1:1
1 Vanilleschote
2 cl Dirndlbrand (40 Vol.-%)

Dirndln waschen und im Wasser bei geringer Hitze ca. 5–10 Minuten weich kochen. Mit dem Kochwasser durch ein Sieb passieren.

Das abgekühlte Mus (sollte 1 kg sein) mit Gelierzucker verrühren, die der Länge nach geteilte Vanilleschote dazugeben und aufkochen. Unter Rühren 6–8 Minuten sprudelnd kochen. Gelierprobe machen.

Topf von der Herdplatte nehmen, die Vanilleschote entfernen, Dirndlbrand einrühren und rasch in vorbereitete Gläser füllen. Gut verschließen und an einem kühlen Ort auskühlen lassen.

Variante:
Dirndln mit Pfirsichen, Birnen oder Äpfeln mischen und mit einer Prise Zimt verfeinern.

Ribiselsirup

mit dem Dampfentsafter

Zutaten:

1 kg Rote Ribiseln
1 kg Wiener Sirupzucker für Beeren

Ribiseln waschen, gut abtropfen lassen, abrebeln und zerdrücken. Mit Sirupzucker vermengen und über Nacht kühl stellen.

Die Ribisel-Sirupzucker-Mischung in den Dampfentsafter geben, Wasser einfüllen und laut Geräteanleitung entsaften.

Ribiselsirup in sterile Flaschen füllen, gut verschließen und kühl lagern.

Für eine längere Haltbarkeit den Sirup vor dem Abfüllen 3 Minuten kochen.

Verdünnung: 1 Teil Sirup + 6 Teile Wasser

Variante:
Ribiseln mit Jostabeeren mischen!

Schwarze-Ribisel-Ananas-Konfitüre

Zutaten:

1 kg Schwarze Ribiseln
250 g frische Ananas
1 kg Wiener Gelierzucker 1:1
4 cl Johannisbeerlikör (26 Vol.-%)

Ribiseln unter fließendem Wasser waschen, gut abtropfen lassen und abrebeln. Ribiselbeeren unter Rühren ein Mal aufkochen und durch die Flotte Lotte passieren.

Ananas in kleine Stücke schneiden. Das abgekühlte Ribiselmus mit Ananasstückchen und Gelierzucker mischen, unter Rühren aufkochen und 5–7 Minuten sprudelnd kochen.
Gelierprobe machen. Topf von der Herdplatte nehmen und den Likör hineinrühren.

Heiß in vorbereitete Gläser füllen und gut verschließen.

Tipp:
Wiener Gelierzucker immer in kalte bzw. abgekühlte Fruchtmassen rühren, um eine vorzeitige oder unregelmäßige Gelierung des Einkochgutes zu verhindern!

Ribisel-Marillen-Marmelade

Zutaten:

500 g Marillen
500 g Wiener Bio Gelierzucker 2:1
500 g Weiße Ribiseln

Marillen waschen, schälen, halbieren und entkernen. In Stücke schneiden und mit 250 g Bio Gelierzucker vermengen. Unter Rühren ein Mal aufkochen und pürieren. 6–8 Minuten sprudelnd kochen. Gelierprobe machen. Vier vorbereitete Gläser damit zur Hälfte befüllen, locker verschließen und an einen kühlen Ort stellen.

Ribiseln unter fließendem Wasser waschen, gut abtropfen lassen und abrebeln. Ribiselbeeren unter Rühren ein Mal aufkochen, durch die Flotte Lotte passieren und abkühlen lassen.

Dann mit dem restlichen Bio Gelierzucker verrühren, aufkochen und 5 Minuten sprudelnd kochen. Gelierprobe machen. Topf von der Herdplatte nehmen und die Marmelade unter Rühren etwas abkühlen lassen. Die halb gefüllten Gläser bis zum Glasrand damit auffüllen, gut verschließen und für 10 Minuten auf den Kopf stellen.

Tipp:
Füllt man eine heiße Marmelade auf eine abgekühlte, entsteht im Glas ein attraktives Farbenspiel.

Wiener Bio Gelierzucker 2:1
Die perfekte Mischung für reife Bio-Früchte ist Wiener Bio Gelierzucker 2:1. Bio Rübenzucker und Geliermittel Pektin garantieren optimale Gelierkraft. Früchte ganz einfach im Verhältnis 2:1 mit Wiener Bio Gelierzucker verarbeiten.

Ribiselmarmelade

Zutaten:

- 1 kg Ribiselbeeren
- 1 kg Wiener Gelierzucker 1:1
- 2 cl Rum (38 Vol.-%)

Ribiselbeeren unter Rühren ein Mal aufkochen und durch die Flotte Lotte passieren.

Abgekühlt mit Gelierzucker vermengen, unter Rühren zum Kochen bringen und 5 Minuten sprudelnd kochen. Gelierprobe machen.

Topf von der Herdplatte nehmen, Rum darunterrühren. Die Marmelade in vorbereitete Gläser füllen und gut verschließen.

Tipp:
Ribiselmarmelade ist unentbehrlich für die Weihnachtsbäckerei!

Stachelbeeren in Sirup

Zutaten:

1 kg Stachelbeeren
300 ml Wasser
2 EL Zitronensaft
500 g Wiener Braunzucker
100 g Mandelblättchen

Stachelbeeren waschen, gut abtropfen lassen, von Blütenansatz und Stielen befreien und die Schale mit Hilfe eines gerillten Obstmessers auf jeder Seite einritzen.

Wasser, Zitronensaft und Braunzucker aufkochen, bis sich der Zucker aufgelöst hat.

Stachelbeeren dazugeben und bei milder Hitze unter gelegentlichem Umrühren ca. 5 Minuten dünsten. Topf von der Herdplatte nehmen und die Mandelblättchen darunterrühren.

Heiß in sterile Gläser füllen und gut verschließen.

Stachelbeer-Kiwi-Konfitüre

Zutaten:

500 g Kiwis
1 kg Wiener Gelierzucker 1:1
500 g Stachelbeeren
1/2 Bund Zitronenmelisse

Kiwis schälen, in Stücke schneiden und mit ungefähr einem Drittel des Gelierzuckers pürieren. Die Stachelbeeren waschen, gut abtropfen lassen, putzen, halbieren und entkernen. Mit dem Kiwimus und dem restlichen Gelierzucker verrühren und einige Stunden ziehen lassen.

Zitronenmelisse ausschütteln, mit Küchengarn fest zusammenbinden und am Topfgriff so festbinden, dass sie in die Obst-Gelierzucker-Mischung eintaucht. Unter Rühren aufkochen und 6–8 Minuten sprudelnd kochen. Gelierprobe machen. Melisse entfernen, die Konfitüre heiß in vorbereitete Gläser füllen und gut verschließen.

Alkoholfrei

Melonenbowle mit Minze

Zutaten:

1 mittelgroße Wassermelone
120 g Wiener Brauner Rohrzucker kristallin
Saft einer Limette
200 ml Orangensirup
2 Zweige Zitronenminze
1 l Mineralwasser

Von der gewaschenen Wassermelone einen Deckel abschneiden (max. $^1/_4$). Den Rand des großen Teils in Zacken schneiden. Das Fruchtfleisch in möglichst großen Stücken herausschneiden. Die ausgehöhlte Melone in Frischhaltefolie wickeln und kühl stellen.

Das Fruchtfleisch entkernen und mit einem Portionierer Kugeln ausstechen. Dabei den Saft auffangen. Rohrzucker im leicht erwärmten Limettensaft auflösen, Orangensirup und den aufgefangenen Melonensaft darunterrühren und die Melonenkugeln darin marinieren. Zerteilte Zitronenminze dazugeben. Kühl gestellt über Nacht ziehen lassen.

Das Fruchtgemisch in die ausgehöhlte Melone füllen, Zitronenminze entfernen und mit Mineralwasser aufgießen.

Minz-Mojito-Sirup

Zutaten:

1 großer Bund Minze (z. B. Mojitominze)
1 kg Wiener Sirupzucker für Kräuter
$^3/_4$ l Wasser

Minze ausschütteln und von den dicken Stängeln befreien.

Sirupzucker in heißem Wasser auflösen, aufkochen und kochen, bis die Lösung klar ist. Auf die Minzblätter gießen und 48 Stunden kühl stellen.

Durch ein feines Sieb abseihen, in sterile Flaschen füllen, gut verschließen und kühl lagern.

Für eine längere Haltbarkeit den Sirup vor dem Abfüllen 3 Minuten kochen.

Verdünnung: 1 Teil Sirup + 6 Teile Wasser

Tipp:
Als Basis für Mojito-Cocktails verwenden.

Zitronenmelissesirup

Zutaten:

1 großer Bund Zitronenmelisse
2 Bio-Zitronen
1 kg Wiener Sirupzucker für Kräuter
$^3/_4$ l Wasser

Zitronenmelisse ausschütteln, Blätter mit Stiel abreißen. Zitronen waschen und mit der Schale in Scheiben schneiden.

Sirupzucker in heißem Wasser auflösen und kochen, bis die Zuckerlösung klar ist. Abgekühlt auf die Zitronenmelisseblätter gießen, Zitronenscheiben dazugeben, zugedeckt 48 Stunden kühl stellen. Durch ein feines Sieb abseihen, in sterile Flaschen füllen, gut verschließen und kühl lagern.

Für eine längere Haltbarkeit den Sirup vor dem Abfüllen 3 Minuten kochen.

Verdünnung:
1 Teil Sirup + 6 Teile Wasser

Tipp:
Zitronenmelisse vor der Blüte (meist im Juni) ernten, sonst schmeckt sie etwas bitter.
Für den Sirup am besten die Spitzen mit zwei oder drei Quertrieben verwenden.

Kräutersirup

Zutaten:

1 großer Bund Apfelminze
1 großer Bund Zitronenmelisse
1 großer Bund Zitronenverbene
2 Bio-Orangen
4 kg Wiener Sirupzucker für Kräuter
3 l Wasser

Kräuter gut ausschütteln und die Blätter abzupfen. Die Orangen sorgfältig waschen und mit der Schale in Scheiben schneiden. Mit den Kräuterblättern in einen Topf geben.

Sirupzucker in heißem Wasser auflösen und kochen, bis die Zuckerlösung klar ist. Auf die Kräuter gießen und zugedeckt 48 Stunden kühl stellen.

Durch ein feines Sieb seihen, in sterile Flaschen füllen, gut verschließen und kühl lagern.

Für eine längere Haltbarkeit den Sirup vor dem Abfüllen 3 Minuten kochen.

Verdünnung: 1 Teil Sirup + 6 Teile Wasser

Himbeerkracherl

Zutaten:

1 kg Himbeeren
½ l Wasser
1 kg Wiener Sirupzucker für Beeren
Sodawasser

Himbeeren trocken verlesen oder kurz mit kaltem Wasser abbrausen und abtropfen lassen. Mit dem Wasser in einen Topf geben und ca. 5 Minuten köcheln lassen.

Die ausgekühlte Masse mit Sirupzucker mischen und über Nacht kühl stellen. Dann mit Hilfe eines Mulltuches auspressen oder durch ein feines Sieb abseihen. 3 Minuten kochen. Noch heiß in sterile Flaschen füllen, gut verschließen und kühl stellen.

Mit Sodawasser im Verhältnis 1:6 aufgießen.

Geöffnete Flaschen im Kühlschrank aufbewahren!

Himbeermarmelade roh gerührt

Zutaten:

1 kg Himbeeren
1 kg Wiener Gelierzucker 1:1
4 cl Cognac (60 Vol.-%)

Himbeeren trocken verlesen oder kurz mit kaltem Wasser abbrausen, gut abtropfen lassen bzw. mit Küchenpapier trocken tupfen. Durch ein Haarsieb in eine sterile Rührschüssel streichen.

Die Hälfte des Muses und 500 g Gelierzucker 3 Minuten mit dem Handmixer rühren, kurz stehen lassen, restliches Mus und Gelierzucker dazugeben, nochmals 3 Minuten rühren. Jeweils nach einer Ruhezeit von ca. 10 Minuten den Mixvorgang wiederholen.

Fertig ist die Marmelade, wenn sich der Gelierzucker ganz aufgelöst hat und die Masse seidig glänzt. Dann in kleine, mit Cognac ausgespülte Gläser füllen. Während des Einfüllens mit einem sterilen Stäbchen mögliche Luftblasen herausrühren, auf jedes Glas 1 TL Cognac geben, anzünden, sofort den Deckel daraufgeben und zuschrauben.

Roh gerührte Marmelade hält sich einige Monate, wenn sie kühl, dunkel und trocken gelagert wird.

Himbeergelee mit Zitronengeranie

Zutaten:

2 Zweige Zitronengeranie (ersatzweise Zitronenmelisse, Zitronenverbene)
500 g Wiener Gelierzucker 2:1
1,2 kg Himbeeren
1 EL Zitronensaft

Tipp:
Soll das Gelee klar sein, die Himbeeren unter Zugabe vom Saft einer Zitrone oder 2 TL Zitronensäure und 1/4 l Wasser aufkochen. Die Masse durch ein überbrühtes Mulltuch in einen Topf abrinnen lassen

Blätter der Zitronengeranie unter fließendem Wasser gut abspülen, trocken tupfen und über Nacht in 100 g Gelierzucker einlegen.

Himbeeren trocken verlesen oder nur kurz mit kaltem Wasser abbrausen, gut abtropfen lassen bzw. mit Küchenpapier trocken tupfen.

Beeren unter Rühren leicht köcheln lassen, bis sie Saft lassen. Durch ein feines Sieb abseihen.

Die gezuckerten Geranienblätter und die restlichen 400 g Gelierzucker in den abgekühlten Himbeersaft rühren und eine Stunde zugedeckt abseihen.

Die Masse unter Rühren ein Mal aufkochen. Topf beiseitestellen, Geranienblätter herausnehmen, Zitronensaft dazugeben. 6–8 Minuten sprudelnd kochen. Gelierprobe machen.

Sofort in vorbereitete, möglichst kleine Gläser füllen und an einem kühlen Ort einige Tage ruhig stehen lassen.

Schon gewusst?
Die Zitronengeranie gehört zur Familie der Duftpelargonien, war früher ein hoch geschätztes Fensterbrettgewächs und ist vor einigen Jahren wie die Zitronenverbene, ein südamerikanischer Teestrauch, wieder „in Mode" gekommen.

Marillenmarmelade mit Marzipan

Zutaten:

1 kg Marillen
500 g Wiener Bio Gelierzucker 2:1
100 g Marzipan
4 cl Marillenschnaps (38 Vol.-%)

Marillen schälen, halbieren, entkernen, in Stücke schneiden und immer wieder mit Bio Gelierzucker vermengen. Zugedeckt 1–2 Stunden kühl stellen.

Marzipan in kleine Stücke schneiden oder reißen.
Die Marmeladegläser mit Marillenschnaps ausspülen.

Die Marillen-Gelierzucker-Masse unter Rühren aufkochen, mit dem Pürierstab pürieren und 6–7 Minuten sprudelnd kochen. Marzipan darunterrühren und noch ein Mal aufkochen.
Gelierprobe machen. Topf von der Herdplatte nehmen, restlichen Marillenschnaps hineinrühren. Noch heiß in die Gläser füllen, gut verschließen und für 10 Minuten auf den Kopf stellen.

Variante:
Marmelade durch Zugabe von einigen Tropfen Bittermandelöl oder geriebener Orangenschale variieren.

Tipps:
Marillen neigen dazu, beim Zerkleinern zu oxidieren. Durch rasches Vermischen der zerkleinerten Früchte bzw. des Fruchtmuses mit Gelierzucker kann man das Braunwerden verhindern.

Gut gekühltes Rohmarzipan kann auf einer groben Reibe gerieben werden.

Marillenmarmelade mit Marzipan

Marillenkonfitüre mit Zitronenthymian

Zutaten:

1 kg Marillen
500 g Wiener Gelierzucker 2:1
2 Limetten
4–5 Zweige Zitronenthymian

Marillen waschen, entkernen und in Stücke schneiden. Dabei immer wieder mit Gelierzucker vermengen.

Limetten unter heißem Wasser waschen, abtrocknen und die Schale (mit einem Zestenreißer) abreiben. Limetten der Länge nach aufschneiden und den Saft auspressen. Schale und Saft mit dem Frucht-Zucker-Gemisch verrühren und zugedeckt 3–4 Stunden ziehen lassen.

Thymianzweige zur Marillen-Gelierzucker-Mischung geben und unter Rühren zum Kochen bringen. 5–7 Minuten sprudelnd kochen. Gelierprobe machen.

Thymianzweige entfernen. Konfitüre noch heiß in vorbereitete Gläser füllen und fest verschließen.

Marillen-Weichsel-Konfitüre

Zutaten:

500 g Marillen
500 g Wiener Bio Gelierzucker 2:1
500 g Weichseln
1 Vanilleschote

Marillen waschen, schälen, entkernen und in kleine Stücke schneiden. Dabei immer wieder mit Bio Gelierzucker vermengen. Im Standmixer pürieren.

Weichseln waschen, halbieren und entkernen. Mit der halbierten Vanilleschote, dem ausgekratzten Mark und dem Marillenmus verrühren. Unter Rühren aufkochen und 6–8 Minuten sprudelnd kochen.

Noch heiß in sterile Gläser füllen, gut verschließen und für 10 Minuten auf den Kopf stellen.

SORTE:
Marille
mit Wiener Zucker

Marillen-Chutney

Zutaten:

1,5 kg Marillen
2 Knoblauchzehen
50 g frisch geriebener Ingwer
350 g Frühlingszwiebeln, in Ringe geschnitten
200 ml Balsamessig Honig
1 Msp. Salz
½ TL Zimt
½ TL Nelkenpulver
½ TL Cayennepfeffer
250 g Wiener Braunzucker

Gewaschene, entkernte Marillen in kleine Stücke schneiden. Knoblauchzehen zerdrücken.

Mit allen anderen Zutaten – außer Braunzucker – in einen breiten Topf geben und unter gelegentlichem Umrühren leicht köcheln lassen, bis die Marillen und die Zwiebeln weich sind.

Braunzucker dazugeben und 5 Minuten sprudelnd kochen.

In sterile Gläser füllen, gut verschließen und im Backrohr bei 75 °C 20 Minuten pasteurisieren. Einige Wochen an einem kühlen Ort durchziehen lassen.

Variante:
Statt Frühlingszwiebeln Schalotten oder weiße Gemüsezwiebeln, statt Essig einen trockenen Weißwein und statt Cayennepfeffer eine kleine getrocknete, zerdrückte Chilischote verwenden.

Tipp:
Dieses Chutney passt mit seinem erfrischenden Geschmack ausgezeichnet zu pikant gewürzten Fleischgerichten, zu kaltem Geflügel, Fisch oder Käse.

WIENER
ZUCKER
BRAUN
ZUCKER
NACH WIENER ART

Pflaumenkonfitüre mit Pfiff

Zutaten:

1 kg Pflaumen
500 g Wiener Gelier-zucker 2:1
2 EL Zitronensaft
1 Msp. Nelkenpulver
1–2 Sternanis
4 cl Slibowitz (Pflaumenbrand 38 Vol.-%)

Pflaumen waschen, abtropfen lassen, entstielen, entkernen und in kleine Stücke schneiden. Mit Gelierzucker, Zitronensaft und den Gewürzen mischen und zugedeckt über Nacht kühl stellen.

Die Marmeladegläser mit Slibowitz ausspülen. Die Frucht-Zucker-Mischung unter Rühren zum Kochen bringen und 6–8 Minuten sprudelnd kochen. Gelierprobe machen.

Topf von der Herdplatte nehmen, Sternanis entfernen und den restlichen Slibowitz hineinrühren.

Die Konfitüre in die vorbereiteten Gläser füllen und gut verschließen.

Beschwipste Pflaumen

Rumpflaumen

Zutaten:

500 g Pflaumen
0,7 l Rum (54 Vol.-%)
1 große Zimtstange
250 g Wiener Kandis-zucker braun

Gewaschene, entstielte Pflaumen in ein Sieb geben und zum Blanchieren einige Minuten in kochendes Wasser hängen. Gut abtropfen lassen.

Rum mit der Zimtstange erwärmen, Kandiszucker darin auflösen.

Pflaumen mit einem Spieß mehrmals anstechen und in ein steriles Glasgefäß schlichten.

Mit Rum auffüllen, sodass die Pflaumen bedeckt sind. Das Gefäß gut verschließen und mindestens 4 Wochen an einem kühlen Ort ziehen lassen.

Tipp:
Beschwipste Pflaumen passen gut in einen Obstsalat und schmecken als Beigabe zu Topfencreme, Pudding und Eis.

Pflaumen süßsauer

Zutaten:

2 kg Pflaumen
1 kg Wiener Kandiszucker weiß
$^1/_4$ l Wasser
$^1/_2$ l milder Weißweinessig
2 große Zimtstangen
2 Vanilleschoten
6 Gewürznelken
60 g frischer Ingwer
1 kleine rote, getrocknete Chilischote

Pflaumen waschen, entstielen und abtropfen lassen. Jede Frucht mehrmals mit einem Spieß anstechen und alle in eine große Schüssel schlichten.

Kandiszucker mit Wasser, Essig, den Gewürzen, dem in Scheiben geschnittenen Ingwer und der halbierten, entkernten Chilischote erhitzen, bis sich der Kandiszucker aufgelöst hat. Auf die Pflaumen gießen und – mit einem Teller beschwert – über Nacht an einem kühlen Ort ziehen lassen.

Dann den Sud samt Gewürzen in einen Topf gießen und 10 Minuten sprudelnd kochen.

Früchte in kleine Gläser schlichten und so viel Sud durch ein Sieb auf die Früchte gießen, dass sie bedeckt sind. Die Gläser gut verschließen.
Vor der Verwendung einige Wochen an einem kühlen Ort ziehen lassen.

Tipps:

Liebhaber essen süßsaure Pflaumen zu gebratenem Wild, Rindsbraten oder asiatischen Gerichten, man kann sie aber auch als Party-Nascherei zu Käse servieren.

Um eine längere Haltbarkeit zu erreichen, die Gläser im Wasserbad im Backrohr bei 175 °C ca. 25 Minuten pastourisieren.

Variante:

Die Pflaumen mit $^1/_8$ l Essig und $^3/_8$ l trockenem Rotwein zubereiten.

Ringlottenmus

Zutaten:

1 kg Ringlotten
500 g Wiener Gelierzucker 1:1
1 EL abgeriebene Schale einer unbehandelten Orange
1 Sternanis
150 g Wiener Feinkristallzucker

Gewaschene, vom Stiel befreite Ringlotten langsam erhitzen und bei milder Hitze unter mehrmaligem Umrühren weich dünsten. Noch heiß durch ein grobes Sieb streichen, sodass die Kerne und Schalen zurückbleiben.

Das ausgekühlte Mus mit Gelierzucker, Orangenschale und Sternanis verrühren und über Nacht kühl stellen.

Das Frucht-Gelierzucker-Gemisch unter Rühren aufkochen. 5–7 Minuten sprudelnd kochen.
Sternanis entfernen. Heiß in sterile Gläser füllen, mit einem Küchentuch bedeckt abkühlen lassen. Dann die Oberfläche mit Feinkristallzucker bestreuen und die Gläser gut verschließen.

Mirabellengelee

Zutaten:

3 kg Mirabellen
1 unbehandelte Zitrone
1 Vanilleschote
500 g Wiener Gelierzucker 2:1

Mirabellensaft am besten im Dampfentsafter herstellen. Dafür die Früchte, die abgeriebene Zitronenschale und die in Scheiben geschnittene Zitrone sowie die halbierte Vanilleschote in das Gefäß geben und den Saft nach Anleitung des Geräteherstellers gewinnen.

Zubereitung ohne Dampfentsafter: Die Mirabellen knapp mit Wasser bedecken, Zitronenschale und -saft sowie die halbierte Vanilleschote dazugeben und bei milder Hitze weich kochen. Den Saft durch ein überbrühtes Mulltuch in einen Topf ablaufen lassen (dauert mehrere Stunden).

900 ml Saft abmessen, mit Gelierzucker verrühren und 6–8 Minuten sprudelnd kochen. Gelierprobe machen. Heiß in vorbereitete, möglichst kleine Gläser füllen, gut verschließen und einige Tage ruhig an einem kühlen Ort stehen lassen.

Sommerbeeren-Gelee

Zutaten:

500 g Himbeeren
250 g Monatserdbeeren
500 g Brombeeren
250 g Heidelbeeren
Mark einer Vanilleschote
Saft einer Zitrone
1 große unbehandelte Orange
3 EL Wiener Staubzucker
1 kg Wiener Gelierzucker 1:1

Himbeeren am besten trocken verlesen oder wie die anderen Beeren unter fließendem Wasser waschen, gut abtropfen lassen, von Stielen bzw. Blütenansätzen befreien. Die Beeren mit dem Vanillemark und dem Zitronensaft vermengen und 30 Minuten ziehen lassen.

Orange schälen (ohne weißen Schalenanteil) und die Schale in dünne Streifen schneiden. Knapp mit Wasser bedeckt weich kochen, herausheben und auf Küchenpapier trocknen lassen.

Aus den Beeren mit Hilfe des Dampfentsafters Fruchtsaft gewinnen oder ein Mal aufkochen und leicht köcheln lassen, bis die Beeren Saft lassen. Durch ein Haarsieb in einen Topf seihen.

Orangenschalenstreifen in einer beschichteten Pfanne mit Staubzucker karamellisieren und auf Backpapier abkühlen lassen.

Beerensaft mit dem Saft der Orange mischen und 900 ml abmessen. Mit Gelierzucker verrühren und unter Rühren aufkochen. 6–8 Minuten sprudelnd kochen.

Gelierprobe machen. Topf von der Herdplatte nehmen und die karamellisierten Orangenschalenstreifen darunterziehen.

In kleine glattwandige, sterile Gläser füllen und gut verschließen.
Einige Tage ruhig an einem kühlen Ort stehen lassen.

Pfirsichbowle

Zutaten:

100 g Wiener Braunzucker
Saft von 2 Zitronen
1 kg Pfirsiche
4 cl Orangenlikör (20 Vol.-%)
2 Zweige Zitronenmelisse
0,7 l trockener, fruchtiger Weißwein (z. B. Grüner Veltliner)
0,7 l trockener Sekt

Braunzucker im erwärmten Zitronensaft auflösen. Pfirsiche waschen, schälen, halbieren, entkernen und in dünne, gleichmäßige Spalten schneiden. Pfirsichspalten, Orangenlikör, Zitronenmelisse und Braunzucker vorsichtig vermengen und 1 Stunde an einem kühlen Ort ziehen lassen.

Mit Weißwein bedecken und kühl gestellt 3 Stunden ziehen lassen.

Vor dem Servieren mit dem restlichen, gekühlten Wein und Sekt aufgießen und mit frischen Melisseblättern garnieren.

Tipps:
Um dieser Bowle Farbtupfer zu geben, kann man vor dem Servieren einige frische Beeren wie Erdbeeren oder Himbeeren hineingeben.

Genauso gut schmeckt die Bowle mit Nektarinen!

Wiener Braunzucker
Kristallzucker, der mit karamellisiertem Rohrzuckersirup veredelt ist, verleiht Getränken wie der Pfirsichbowle, aber auch Mehlspeisen wie Mürbteiggebäck, Lebkuchen, Sandkuchen eine besonders exotische Geschmacksnote.

WIENER
ZUCKER
BRAUN
ZUCKER
Mit Karamellzucker- und Rohrzuckersirup
NACH WIENER ART

Sommerbeeren-Bowle

Zutaten:

250 g Himbeeren
250 g Brombeeren
250 g Rote, Schwarze und Weiße Ribiseln
200 g Wiener Staubzucker
4 cl Himbeerlikör (20 Vol.-%)
3/4 l trockener Weißwein (z. B. Riesling)
3/4 l trockener Frizzante

Himbeeren trocken verlesen oder kurz abbrausen und gut abtropfen lassen. Brombeeren und Ribiseln waschen, von Stielen befreien und gut abtropfen lassen. Die Beeren mit Staubzucker mischen, Himbeerlikör daraufgießen und zugedeckt 1–2 Stunden an einem kühlen Ort ziehen lassen.

Den Wein dazugeben und 2 Stunden ziehen lassen.

Vor dem Servieren mit gekühltem Frizzante aufgießen.

Alkoholfrei

Bowle Hawaii

Zutaten:

1 große Ananas
100 g Wiener Brauner Rohrzucker kristallin
50 g Cocktailkirschen
1/4 l Kokossirup
1 1/2 l Mineralwasser

Ananas aufrecht auf einen Teller stellen und die Schale in Streifen abschneiden. Der Länge nach vierteln, dann achteln, den Strunk herausschneiden und das Fruchtfleisch in Würfel schneiden. Rohrzucker im ausgetretenen, geseihten und leicht erwärmten Ananassaft auflösen. Ananaswürfel mit dem Ananassaft, den Cocktailkirschen und dem Kokossirup vermengen und über Nacht kühl stellen.

In ein Bowlegefäß geben und mit gekühltem Mineralwasser aufgießen.

Zwei-Beeren-Sirup

Zutaten:

1 kg Beeren (z. B. Himbeeren und Brombeeren)
½ l Wasser
1 kg Wiener Sirupzucker für Beeren

Beeren waschen und gut abtropfen lassen. Mit dem Wasser zum Kochen bringen und ca. 5 Minuten kochen lassen.

Die ausgekühlte Beerenmischung mit Sirupzucker vermengen und über Nacht kühl stellen.

Durch ein Haarsieb seihen oder mit Hilfe eines Mulltuches auspressen und den Sirup 3 Minuten kochen.

Noch heiß in sterile Flaschen füllen, gut verschließen und kühl lagern.

Verdünnung: 1 Teil Sirup + 6 Teile Wasser

Wiener Sirupzucker für Beeren
Sirup machen leicht gemacht! Mit Wiener Sirupzucker für Beeren und Steinobst gelingen fruchtige Erfrischungsgetränke im Handumdrehen. Erprobte Rezeptur garantiert längere Haltbarkeit.

Brombeerlikör

Zutaten:

1 kg Brombeeren
250 g Wiener Braunzucker
einige junge Brombeerblätter
2 Zimtstangen
1 l Apfelbrand (40 Vol.-%)

Brombeeren waschen, gut abtropfen lassen und entstielen. Mit Braunzucker vermengen und zerdrücken. Mit den Zimtstangen und Brombeerblättern in ein gut verschließbares Gefäß geben und mit dem Apfelbrand bedecken.

Mindestens 6 Wochen ziehen lassen. Dann durch einen Kaffeefilter abseihen und in sterile Flaschen füllen. Vor der ersten Verkostung noch 3 Wochen an einem kühlen Ort stehen lassen.

Lavendeltraum

Pfirsichkonfitüre mit Lavendelblüten

Zutaten:

1 kg Pfirsiche
1 unbehandelte Zitrone
500 g Wiener Bio
Gelierzucker 2:1
1 TL Lavendelblüten

Pfirsiche waschen, abtropfen lassen und schälen. Die Früchte halbieren und den Kern entfernen. Den dabei austretenden Saft auffangen und zu dem in kleine Stücke geschnittenen Fruchtfleisch geben.

Zitrone sorgfältig waschen, halbieren, die Kerne entfernen und vierteln. Den Saft auf die Pfirsichstückchen träufeln, Bio Gelierzucker dazugeben und gut verrühren. Zugedeckt eine halbe Stunde ziehen lassen.

Frisch geschnittenen Lavendel ausschütteln. Die Blüten abzupfen.

Fruchtmasse ein Mal aufkochen, von der Herdplatte nehmen und mit dem Stabmixer so pürieren, dass noch Fruchtstückchen übrig bleiben.

Zitronenviertel dazugeben, aufkochen und 6 Minuten sprudelnd kochen. Topf von der Herdplatte nehmen und die Lavendelblüten hineinrühren. Noch ein Mal aufkochen. Gelierprobe machen.

Zitronenviertel entfernen. Heiß in sterile Gläser füllen, gut verschließen und für 10 Minuten auf den Kopf stellen.

Variante:
Auch Marillen harmonieren mit Lavendel!

Tipp:
Konfitüre bald verbrauchen, da die Lavendelblüten mit der Zeit an Geschmack verlieren.

Pfirsichkonfitüre mit Lavendelblüten

Himmel & Hölle

Pfirsich-Brombeer-Schichtmarmelade

Zutaten für die Brombeermarmelade:

1 kg Brombeeren
500 g Wiener Gelierzucker 2:1
Saft einer halben Zitrone

Zutaten für die Pfirsichmarmelade:

1 kg Pfirsiche
500 g Wiener Gelierzucker 2:1
Saft einer halben Zitrone
2 EL Pfirsichlikör (27 Vol.-%)

Brombeeren abbrausen, gut abtropfen lassen und trocken tupfen. Beeren langsam erhitzen und bei schwacher Hitze einige Minuten kochen. Mit Hilfe der Flotten Lotte passieren und abkühlen lassen.

Mit Gelierzucker und Zitronensaft verrühren, unter Rühren aufkochen und 6–8 Minuten sprudelnd kochen. Gelierprobe machen. Die vorbereiteten Gläser damit zur Hälfte befüllen, locker verschließen und an einen kühlen Ort stellen.

Pfirsichmarmelade erst dann kochen, wenn die Brombeermarmelade ausgekühlt ist.

Pfirsiche kurz in heißes Wasser legen, in Eiswasser abschrecken, schälen, entkernen und in Stücke schneiden. Mit Gelierzucker und Zitronensaft im Standmixer pürieren.

Unter Rühren rasch zum Kochen bringen. 7–9 Minuten sprudelnd kochen. Gelierprobe machen. Topf von der Herdplatte nehmen und den Likör darunterrühren. Die Marmelade unter öfterem Umrühren ein wenig abkühlen lassen.

Bis zum Glasrand auf die Brombeermarmelade füllen, sofort verschließen und kühl stellen.

Tipps:
Brombeermarmelade kann mit Brombeer- oder Himbeerlikör aromatisiert werden.

In hohe Gläser kann man auch drei oder vier Schichten Marmelade in beliebiger Reihenfolge füllen. Eine Schicht sollte jedoch mindestens 3 cm hoch sein, um den gewünschten Effekt zu erzielen.

Rosenlikör

Zutaten:

200 g Wiener Kandiszucker weiß
¼ l trockener Weißwein
3 Handvoll frisch erblühte, duftende Rosenblätter (oder 50 g getrocknete Rosenblätter)
1 Vanilleschote
0,7 l Weinbrand oder Cognac (38 Vol.-%)

Kandiszucker im erwärmten Weißwein auflösen. Blütenblätter unter kaltem Wasser abbrausen, vorsichtig trocken tupfen und in ein steriles Glas geben. Die abgekühlte Zuckerlösung auf die Rosenblätter gießen. Die halbierte Vanilleschote dazugeben und das Glas verschließen. Drei Tage lang ziehen lassen, dabei gelegentlich schütteln.

Dann den Weinbrand dazugießen, verschließen und 6–7 Wochen stehen lassen.

Schließlich den Likör durch ein Haarsieb in sterile Flaschen filtern, gut verschließen, kühl und dunkel aufbewahren.

Nektarinen-Cranberry-Konfitüre

Zutaten:

700 g Nektarinen
Saft einer halben Zitrone
300 g frische Cranberrys
1 kg Wiener Gelier-zucker 1:1
50 ml Wasser
1 Prise Zimt
Mark einer halben Vanilleschote
4 EL Wiener Bio Kristallzucker
50 g geschälte Mandeln

Nektarinen waschen, halbieren, entkernen, in kleine Stücke schneiden und mit Zitronensaft vermengen. Cranberrys verlesen, in ein Sieb geben, unter fließendem Wasser gut abspülen und abtropfen lassen. Cranberrys und Gelierzucker mit den Nektarinenstückchen verrühren und zugedeckt 1–2 Stunden kühl stellen.

Wasser, Zimt, Vanillemark und Bio Kristallzucker in einer Pfanne zum Kochen bringen, die Mandeln dazugeben und unter Rühren kochen, bis die Flüssigkeit verdampft. Temperatur reduzieren und so lange rühren, bis der Zucker karamellisiert. Mandeln sofort auf Backpapier geben, mit zwei Gabeln voneinander trennen und auskühlen lassen.

Die Frucht-Gelierzucker-Mischung unter Rühren aufkochen und 6–8 Minuten sprudelnd kochen. Gelierprobe machen.

Die karamellisierten Mandeln unter die abgekühlte Konfitüre ziehen und rasch in vorbereitete Gläser füllen. Gut verschließen und an einem kühlen Ort auskühlen lassen.

Variante:
Cranberrys kann man auch mit Äpfeln und Birnen mischen und mit Rotwein oder Ingwer würzen.

Wiener Bio Kristallzucker
eignet sich hervorragend zum Süßen von Speisen und Getränken. Er ist – wie herkömmlicher Kristallzucker – in der Küche vielseitig einsetzbar. Der Klassiker in Bio-Qualität.

Heidelbeer-Marillen-Konfitüre

Zutaten:

500 g Heidelbeeren
500 g Marillen
500 g Wiener Gelierzucker 2:1
2 Stangen frisches Zitronengras
1 Lorbeerblatt
1/16 l Wein (z. B. Chardonnay)

Heidelbeeren waschen, putzen und gut abtropfen lassen. Marillen waschen, nach Belieben schälen, halbieren, entkernen und in kleine Stücke schneiden. Die Stückchen immer wieder mit Gelierzucker vermengen.

Zitronengras mit dem Messerrücken klopfen und in 2 cm breite Stücke schneiden. Mit den Heidelbeeren und dem Lorbeerblatt in die Marillen-Gelierzucker-Masse rühren. Unter Rühren aufkochen und 6–8 Minuten kochen. Gelierprobe machen.

Topf von der Herdplatte nehmen. Lorbeerblatt entfernen, Wein hineinrühren. In sterile Gläser füllen und gut verschließen.

Heidelbeer-Orangen-Konfitüre

Zutaten:

500 g Heidelbeeren
500 g Orangen-Fruchtfleisch (ca. 750 g Orangen)
1 kg Wiener Gelierzucker 1:1

Heidelbeeren waschen, putzen und gut abtropfen lassen. Orangen schälen und vierteln. Von der Außenseite beginnend, die einzelnen Spalten filetieren und halbieren. Dabei den Saft auffangen und die Kerne beiseitelegen.

Heidelbeeren mit dem aufgefangenen Orangensaft bei milder Hitze köcheln, bis sie platzen, und durch die Flotte Lotte passieren. Das Mus abkühlen lassen, mit Gelierzucker und den Orangenfilets vermengen. Orangenkerne in ein Mullsäckchen geben und in den Topf hängen.

Unter Rühren aufkochen und 7–9 Minuten sprudelnd kochen. Gelierprobe machen.

Topf von der Herdplatte nehmen, das Mullsäckchen entfernen, rasch abfüllen und gut verschließen.

Heidelbeer-Marillen-Konfitüre

Paradeiser-Orangen-Marmelade

Zutaten:

1 kg Paradeiser (gut gereifte Fleischparadeiser)
$^{1}/_{8}$ l Wasser
Wiener Gelierzucker 1:1
1 unbehandelte Orange
abgeriebene Schale einer halben Zitrone
½ TL Ingwerpulver
2 EL Mangosirup
25 g Pinienkerne

Paradeiser waschen, abtropfen lassen und in grobe Stücke schneiden, im Wasser weich kochen und mit der Flotten Lotte passieren. Das abgekühlte Mus abwiegen und gleichschwer mit Gelierzucker verrühren.

Orange schälen und vierteln. Von der Außenseite beginnend, die einzelnen Spalten filetieren und halbieren. Dabei den Saft auffangen und die Kerne beiseitelegen.

Orangenfilets, aufgefangenen Orangensaft, Zitronenschale, Ingwerpulver und Mangosirup mit der Paradeiser-Gelierzucker-Mischung verrühren. Orangenkerne in ein Mullsäckchen geben und in die Mischung hängen. 2–3 Stunden zugedeckt an einem kühlen Ort ziehen lassen.

Pinienkerne in einer beschichteten, erhitzten Pfanne unter ständigem Schwenken hellbraun rösten.

Die Frucht-Gelierzucker-Mischung unter ständigem Rühren aufkochen. 7–8 Minuten sprudelnd kochen. Gelierprobe machen. Pinienkerne dazugeben und noch ein Mal aufkochen. Topf von der Herdplatte nehmen und das Mullsäckchen entfernen.

Die Marmelade heiß in vorbereitete Gläser füllen und gut verschließen.

Variante:
Statt mit Mangosirup mit Bananenlikör aromatisieren.

Tipp:
Marmeladegläser mit Cognac ausspülen!

HERBST

Feigenkonfitüre mit Traminer

Zutaten:

1 kg Feigen
500 g Wiener Gelierzucker 2:1
4 cl Gewürztraminer halbtrocken

Feigen waschen, abtropfen lassen, den Stängel kürzen und die Früchte in kleine Stücke teilen. Mit Gelierzucker verrühren und über Nacht an einem kühlen Ort ziehen lassen.

Die Masse unter Rühren aufkochen und 6–8 Minuten sprudelnd kochen. Gelierprobe machen.

Topf vom Herd nehmen, Traminer darunterrühren. Heiß in vorbereitete Gläser füllen und gut verschließen.

Feigen in Wodka

Zutaten:

250 g Feigen
6 Grüne Kardamomkapseln
150 g Wiener Brauner Rohrzucker kristallin
1 Zimtstange
1 TL abgeriebene Orangenschale
½ l Wodka (40 Vol.-%)

Feigen waschen, trocken tupfen, den Stängel kürzen und die Früchte einige Male mit einem Spieß anstechen.

Kardamomkapseln aufbrechen und die Samenkörner zerstoßen.

Rohrzucker in einer beschichteten Pfanne schmelzen, Feigen und Gewürze dazugeben und unter vorsichtigem Wenden karamellisieren. Feigen – ohne Zimtstange – in eine sterile, bauchige Flasche geben.
Wodka daraufgießen, Flasche gut verschließen und leicht schütteln. Einige Wochen an einem kühlen Ort ruhen lassen.

Tipps:

Für Wodka-Feige je eine Feige auf ein Holzstäbchen spießen und auf ein mit Wodka gefülltes Stamperl hängen.

Diese Feigen schmecken auch zu Eis oder zu würzigen Käsesorten.

Zwetschkenkonfitüre

Zutaten:

1 kg Zwetschken
Saft einer halben Zitrone
500 g Wiener Gelierzucker 2:1
1 Msp. Nelkenpulver
4 cl Wacholderschnaps (40 Vol.-%)

Zwetschken waschen, gut abtropfen lassen, halbieren, entkernen und vierteln.

Die Hälfte davon mit dem Zitronensaft im Standmixer pürieren, mit den Zwetschkenstücken, Gelierzucker und Nelkenpulver mischen.

Die Gläser mit Wacholderschnaps ausspülen. Die Masse unter Rühren zum Kochen bringen, 7–9 Minuten sprudelnd kochen. Gelierprobe machen. Topf vom Herd nehmen, den restlichen Schnaps dazugeben.

Die Konfitüre in vorbereitete Gläser füllen und gut verschließen.

Zwetschken-Punsch-Marmelade

Zutaten:

1 kg Zwetschken, vorbereitet gewogen
Saft einer halben Orange
1/16 l Rotwein (z. B. Blaufränkisch trocken)
1 kg Wiener Gelierzucker 1:1
1 Msp. Zimt
1 TL geriebene Orangenschale
1 TL geriebene Zitronenschale
1 TL frisch geriebener Ingwer
1 Sternanis
1 Vanilleschote

Zwetschken waschen, gut abtropfen lassen, halbieren, entkernen und vierteln.

Mit dem Orangensaft und dem Rotwein im Standmixer pürieren. In einem Topf mit Gelierzucker verrühren, die Gewürze dazugeben und 1–2 Stunden ziehen lassen.

Unter Rühren zum Kochen bringen, 7–9 Minuten sprudelnd kochen. Gelierprobe machen.

Topf vom Herd nehmen, Sternanis und Vanilleschote herausnehmen, die Marmelade in vorbereitete Gläser füllen und gut verschließen.

Tipp:
Wenn es schnell gehen soll, während des Kochens eine handelsübliche Punsch-Gewürzmischung in einem Mullsäckchen in den Topf hängen.

Zwetschkenröster

Zutaten:

1 kg Zwetschken (späte Sorte)
$^1/_8$ l Wasser
200 g Wiener Brauner Rohrzucker kristallin
4 Gewürznelken
1 Zimtstange
abgeriebene Schale und Saft einer unbehandelten Zitrone

Zwetschken waschen, halbieren und entkernen. Wasser mit Rohrzucker und den Gewürzen ein Mal aufkochen, Zwetschken hineingeben und mit der abgeriebenen Schale der Zitrone sowie dem Zitronensaft bei schwacher Hitze so lange kochen, bis die Früchte zerfallen und sich die Schalen einzurollen beginnen. Zwetschkenröster abkühlen lassen, in vorbereitete Gläser füllen und verschließen.

Variante:
Zwetschken mit Äpfeln oder Birnen mischen.

Tipps:
Zwetschkenröster hält sich – in Marmeladegläser abgefüllt – einige Wochen im Kühlschrank, man kann ihn aber auch einfrieren (bis 6 Monate haltbar).

Die klassische Beigabe zu Kaiser-, Grieß- und Topfenschmarren!

Wiener Zucker Brauner Rohrzucker kristallin
Durch seinen karamellartigen Geschmack eignet sich Wiener Brauner Rohrzucker kristallin besonders gut zur aromatischen Verfeinerung von Zwetschkenröster, Tee und Heißgetränken.
Die neue Verpackung von Tetra Pak macht das Dosieren noch einfacher, schützt vor Feuchtigkeit und das Aroma bleibt erhalten.

Herbstkompott

Birnen-Preiselbeer-Kompott

Zutaten:

700 g Birnen (gut gereift, z. B. Williams)
Saft einer Orange und einer Zitrone
300 g Preiselbeeren
½ l Wasser
150 g Wiener Gelierzucker 1:1
1 Sternanis
1 Zimtstange

Tipp:
Das Kompott mit einem Schuss Portwein verfeinern!

Birnen waschen, der Länge nach vierteln, das Kerngehäuse entfernen, schälen und in dünne Scheiben schneiden. In einer Schüssel mit dem Orangen- und Zitronensaft marinieren.

Preiselbeeren verlesen, waschen und gut abtropfen lassen. Wasser und Gelierzucker erhitzen, Preiselbeeren und Gewürze dazugeben und kochen, bis die Beeren glasig sind.

Die Birnenstücke samt Zitrussaft dazugeben, noch ein Mal aufkochen. Gewürze entfernen.

Früchte mit einem Lochschöpfer in vorbereitete Kompottgläser füllen. Den Saft daraufgießen, sodass sie bedeckt sind und ein 2 cm hoher Rand frei bleibt. Die verschlossenen Gläser in eine 2 cm hoch mit Wasser befüllte Pfanne stellen und im 75 °C heißen Backrohr 25 Minuten pasteurisieren.

Die Backrohrtür einen kleinen Spalt breit öffnen und die Gläser abkühlen lassen.

Preiselbeer-Karotten-Konfitüre

Zutaten:

500 g Karotten
1 kg Wiener Gelierzucker 1:1
500 g Preiselbeeren
abgeriebene Schale und Saft einer unbehandelten Zitrone

Karotten schälen, fein raspeln und rasch mit Gelierzucker verrühren. Verlesene, gewaschene, gut abgetropfte Preiselbeeren, abgeriebene Schale und Saft der Zitrone dazugeben und unter Rühren aufkochen. 6–8 Minuten unter Rühren sprudelnd kochen. Gelierprobe machen. In vorbereitete Gläser füllen, sofort verschließen.

Tipp:
Beim Verlesen der Preiselbeeren die nicht gereiften, grünen Beeren weggeben, da sie hart und bitter sind.

Selbst gemacht

Birnengelee mit Ingwer

Zutaten:

900 ml Birnensaft
1 kg Wiener Gelierzucker 1:1
1 TL frisch geriebener Ingwer

Birnensaft mit Gelierzucker und Ingwer in einem großen Topf vermengen. Unter Rühren zum Kochen bringen und 6–8 Minuten sprudelnd kochen. Gelierprobe machen.

In vorbereitete, möglichst kleine Gläser füllen, sofort verschließen und einige Tage ruhig an einem kühlen Ort stehen lassen.

Tipp:
Einen für das Gelee idealen, klaren Birnensaft erhält man durch die Saftgewinnung im Dampfentsafter.

Birnenbowle mit Heidelbeeren

Zutaten:

150 g Wiener Braunzucker
Saft einer Zitrone
4 Birnen (nicht überreif)
250 g Heidelbeeren
1 Vanilleschote
4 cl Heidelbeerlikör (18 Vol.-%)
3/4 l Roséwein
3/4 l Frizzante

Braunzucker im leicht erwärmten Zitronensaft auflösen. Birnen waschen, vierteln, das Kerngehäuse entfernen und schälen. Birnen in kleine Stücke schneiden und im Zitronensaft marinieren.

Heidelbeeren verlesen, abbrausen, abtropfen lassen. Mit dem ausgekratzten Mark der Vanilleschote und dem Likör unter die Birnen mischen. 1–2 Stunden an einem kühlen Ort ziehen lassen.

Roséwein dazugießen und noch 1 Stunde ziehen lassen.

Vor dem Servieren mit gekühltem Frizzante aufgießen.

Birnen-Brombeer-Konfitüre

Zutaten:

250 g Brombeeren
750 g Birnen
Saft einer Limette
500 g Wiener Gelierzucker 2:1
2 EL Waldhonig

Brombeeren abbrausen, von den Stielen befreien und gut abtropfen lassen. Unter Rühren bei milder Hitze einige Minuten köcheln lassen, bis sie Saft lassen. Mit Hilfe der Flotten Lotte pürieren.

Birnen der Länge nach vierteln, Kerngehäuse entfernen, schälen und in Stücke schneiden. Dabei immer wieder mit Limettensaft beträufeln.

Mit dem abgekühlten Brombeermus, Gelierzucker und Honig vermengen, unter Rühren aufkochen und 7–9 Minuten sprudelnd kochen. Gelierprobe machen.

Randvoll in vorbereitete Gläser füllen und gut verschließen.

Holunderkonfitüre pikant

Zutaten:

1,5 kg Holunderbeerendolden
500 g Wiener Gelierzucker 3:1
40 g frisch geriebener Ingwer
1 Sternanis
1 Zweig Rosmarin
1 Prise Cayennepfeffer
50 ml milder Rotweinessig

Dolden waschen und gut abtropfen lassen. Holunderbeeren von den Stielen streifen und mit Gelierzucker vermengen. Ingwer, Sternanis und Rosmarinzweig dazugeben, unter Rühren aufkochen und 6–8 Minuten sprudelnd kochen.

Topf von der Herdplatte nehmen, Sternanis und den Rosmarinzweig entfernen, Cayennepfeffer und Essig hineinrühren. In vorbereitete, möglichst kleine Gläser füllen und gut verschließen.

Variante:
Nach Belieben kann man Holunder mit Zwetschken oder Birnen mischen.

Tipp:
Schmeckt sehr gut zu Wildgerichten.

Birnen-Zucchini-Chutney

Zutaten:

700 g Zucchini
2 rote Zwiebeln
4 EL Pflanzenöl
100 g Wiener Braunzucker
100 ml milder Weißweinessig
4 Knoblauchzehen
1 TL gerebelter Thymian
½ TL Salz
½ TL schwarzer Pfeffer
700 g Birnen
1 Chilischote
200 g Wiener Gelierzucker 3:1

Zucchini waschen, Stängel- und Blütenansatz entfernen und in kleine Stücke schneiden. Zwiebeln in kleine Würfel schneiden und im erhitzten Öl anrösten. Braunzucker dazugeben und schmelzen lassen. Mit Essig ablöschen. Zucchinistücke und die fein gehackten Knoblauchzehen dazugeben, gut umrühren und mit Thymian, Salz und Pfeffer würzen. Zugedeckt bissfest dünsten.

Birnen waschen, vierteln, vom Kerngehäuse befreien, schälen und in kleine Stücke schneiden. Birnenstückchen mit der von Stängel und Kernen befreiten, fein gehackten Chilischote unter die Zucchinimasse heben und 5 Minuten leicht köcheln lassen. Gelierzucker dazugeben und 7 Minuten sprudelnd kochen.

In vorbereitete Gläser füllen und gut verschließen. Bis zum Verzehr 2–3 Wochen an einem kühlen, trockenen und dunklen Ort ziehen lassen. Angebrochene Gläser im Kühlschrank aufbewahren und bald verbrauchen.

Tipps:
Schmeckt zu Gegrilltem und Fondue.

Für eine längere Haltbarkeit im Backrohr bei 75 °C 20 Minuten pasteurisieren.

Wiener Braunzucker
Um Chutneys eine exotische Geschmacksnote zu verleihen, eignet sich Wiener Braunzucker besonders gut. Durch Veredelung mit Rohrzuckersirup bekommt er sein typisches feines Aroma.

Apfel-Weintrauben-Konfitüre

Zutaten:

500 g Äpfel (z. B. Boskop, Delicious)
$^{1}/_{8}$ l trockener Weißwein (z. B. Welschriesling)
500 g kernlose Weintrauben
1 kg Wiener Gelierzucker 1:1
30 g Sultaninen

Äpfel waschen, vierteln und das Kerngehäuse entfernen. Äpfel mit dem Wein ca. 25 Minuten weich dünsten. Mit Hilfe der Flotten Lotte pürieren und abkühlen lassen.

Weintrauben waschen und gut abtropfen lassen. Die Weinbeeren abrebeln. Mit Apfelmus, Gelierzucker und den Sultaninen verrühren. Unter Rühren zum Kochen bringen und 6–8 Minuten sprudelnd kochen. Gelierprobe machen.

Noch heiß in vorbereitete Gläser füllen.

Äpfel in Calvados

Zutaten:

700 g kleine Äpfel, vorbereitet gewogen
Saft einer Zitrone
350 g Wiener Bio Kristallzucker
7 Wacholderbeeren
0,7 l Apfelschnaps (40 Vol.-%)

Tipp:
Mit Vanillesauce übergossen, sind diese Äpfel ein köstlicher Genuss!

Äpfel schälen, vierteln und das Kerngehäuse entfernen. 700 g Äpfel abwiegen. Die Schnittflächen mit Zitronensaft beträufeln. Die Apfelviertel in Bio Kristallzucker wälzen, gehackte oder grob zerstoßene Wacholderbeeren dazugeben und mit einem Teller beschwert über Nacht kühl stellen.

Am nächsten Tag die Früchte in sterile Kompott- oder Marmeladegläser schlichten und mit Apfelschnaps bedecken. Gläser sofort verschließen, kühl lagern und mindestens 2 Monate ziehen lassen.

Wiener Bio Kristallzucker
eignet sich hervorragend zum Süßen von Speisen und Getränken. Er ist – wie herkömmlicher Kristallzucker – in der Küche vielseitig einsetzbar. Der Klassiker in Bio-Qualität.

Apfelmus mit karamellisierten Zwetschken

Zutaten:

1 kg säuerliche Äpfel (z. B. Delicious, Topaz)
1 unbehandelte Zitrone
1 Zimtstange
$^{1}/_{4}$ l Wasser
400 g gut gereifte Zwetschken
200 g Wiener Feinkristallzucker
2 cl Zwetschkenbrand (40 Vol.-%)
1 kg Wiener Gelierzucker 1:1
1 TL abgeriebene Orangenschale

Äpfel waschen, vierteln und das Kerngehäuse entfernen. Zitrone sorgfältig waschen, abtrocknen und dünn schälen. Die Schalen und den ausgepressten Saft, die Zimtstange und das Wasser zu den Äpfeln geben. Zugedeckt ca. 30 Minuten weich dünsten. Äpfel mit Hilfe der Flotten Lotte pürieren und abkühlen lassen.

Zwetschken waschen, abtropfen lassen, halbieren und entkernen. In dünne Scheiben schneiden und mit Feinkristallzucker in einer beschichteten Pfanne karamellisieren. Mit dem Zwetschkenbrand ablöschen und den Saft bei milder Hitze einkochen. Noch heiß auf vier große oder sechs kleine Marmeladegläser verteilen und zudecken.

Das Apfelmus mit Gelierzucker und Orangenschale vermengen, unter Rühren rasch zum Kochen bringen und ca. 5 Minuten sprudelnd kochen. Gelierprobe machen.

Das Mus auf die karamellisierten Zwetschken gießen und die Gläser gut verschließen. Für 10 Minuten auf den Kopf stellen, damit sich die Zwetschken scheiben im Glas verteilen.

Variante:
Apfelmus mit einem Strauß frischer Kräuter wie Basilikum, Estragon, Minze, Thymian oder Majoran – nur während des Kochens in den Topf gehängt – zubereiten.

Tipp:
Eine gute Verwertungsmöglichkeit für Fallobst!

Kürbis hot

Zutaten:

1 kg Kürbisfleisch (z. B. Muskatkürbis, Hokkaido)
150 g weiße Gemüsezwiebeln
4 EL Olivenöl
$^{1}/_{8}$ l Balsamessig Apfel
50 g frischer Ingwer
2 kleine Chilischoten
1 TL Salz
1 TL grob gemahlene Pfefferkörner
150 g Wiener Gelierzucker 3:1
2 getrocknete Salbeiblätter

Kürbisfleisch raspeln. Zwiebeln schälen und fein würfeln. Zwiebeln im erhitzten Olivenöl anrösten, Kürbisfleisch dazugeben, kurz mitrösten und mit Essig ablöschen.

Den in kleine Stücke geschnittenen Ingwer, die geputzten, entkernten, fein gehackten Chilischoten, Salz und Pfeffer dazugeben und unter wiederholtem Umrühren ca. 20 Minuten köcheln lassen.

Gelierzucker darunterrühren und 7 Minuten sprudelnd kochen. Die zerriebenen Salbeiblätter dazugeben, noch ein Mal aufkochen, in vorbereitete Gläser füllen und gut verschließen.

Variante:
Anstelle von Salbei mit 1 EL scharfem Senf würzen!

Kürbis-Chutney

Zutaten:

750 g Kürbisfleisch
1 EL Meersalz
2 Sternanis
1 TL Pimentkörner
2 Koriandersamen
1 Zweig Rosmarin
$^{1}/_{4}$ l Apfelsaft
150 g Wiener Kandiszucker braun
50 g Honig
1 EL Pflanzenöl
250 g Zwiebeln
250 g Äpfel
1 Chilischote
100 ml Apfel-Honig-Essig

Kürbisfleisch in Würfel schneiden, in eine Schüssel geben, salzen, Sternanis, die grob zerstoßenen Gewürze und den Rosmarinzweig dazugeben und zugedeckt über Nacht an einem kühlen Ort ziehen lassen.

Den Apfelsaft erhitzen und darin Kandiszucker und Honig auflösen. Zwiebeln im erhitzten Öl andünsten, die in kleine Würfel geschnittenen Äpfel, entkernte Chilischote und Kürbiswürfel dazugeben und mit Apfelsaft und Essig aufgießen. Eine halbe Stunde köcheln lassen. Sternanis und Rosmarinzweig entfernen. Heiß in vorbereitete Gläser füllen, gut verschließen. Im 75 °C heißen Backrohr 25 Minuten pasteurisieren.

Tipp:
Diese Chutneys schmecken zu Lamm, Huhn und Fisch und zu würzigem Käse.

WIENER
ZUCKER
Kandiszucker
braun

Kürbis-Apfel-Marmelade

Zutaten:

500 g Kürbisfleisch
500 g säuerliche Äpfel (z. B. Braeburn, Elstar)
Saft einer halben Zitrone
200 ml Apfelsaft
1 Msp. Zimt
1 Msp. Nelkenpulver
30 g frischer Ingwer
1 kg Wiener Gelierzucker 1:1
1 EL geröstete, karamellisierte Kürbiskerne (Fertigprodukt)
2 cl Cognac (38 Vol.-%)

Kürbis halbieren, Kerne und weiches Fruchtfleisch entfernen, schälen und in Würfel schneiden. 500 g abwiegen.

Äpfel waschen, schälen, vierteln, das Kerngehäuse entfernen und in Stücke schneiden. Dabei immer wieder mit Zitronensaft beträufeln.

Kürbiswürfel, Apfelstücke, Apfelsaft, Gewürze und den fein geriebenen Ingwer unter Rühren aufkochen und bei milder Hitze ca. 20 Minuten bissfest dünsten. Mit dem Stabmixer pürieren und abkühlen lassen.

Gelierzucker darunterrühren, unter Rühren aufkochen, 6–8 Minuten sprudelnd kochen. Gelierprobe machen. Topf von der Herdplatte nehmen, grob gehackte Kürbiskerne und Cognac hineinrühren. Heiß in vorbereitete Gläser füllen und gut verschließen.

TK-Marillen-Kürbis-Marmelade

Zutaten:

750 g TK-Marillen
250 g Kürbisfleisch (z. B. Butternuss)
1 unbehandelte Orange
2 Vanilleschoten
500 g Wiener Gelierzucker 2:1

TK-Marillen im Topf antauen lassen. Kürbisfleisch in kleine Stücke schneiden. Orange waschen, die Schale – am besten mit einem Zestenreißer – abschaben, Orange halbieren und auspressen. Vanilleschoten längs halbieren und das Mark auskratzen.

Alle Zutaten mit Gelierzucker verrühren und 1–2 Stunden zugedeckt ziehen lassen.

Unter Rühren zum Kochen bringen und 2 Minuten kochen. Topf beiseitestellen und die Masse mit dem Pürierstab pürieren. 5-6 Minuten sprudelnd kochen. Gelierprobe machen.

Vanilleschoten entfernen. Noch heiß in sterile Gläser füllen und gut verschließen.

Tipps:

Gläser mit Cognac ausspülen!

Sind die Obstmengen im Sommer zu groß, um gleich verarbeitet zu werden, friert man die Früchte vorbereitet, ohne Zuckerzugabe, in kleinen Portionen ein. Das bringt auch den Vorteil, später mit Früchten aus anderen Erntesaisonen kreative Mischmarmeladen zubereiten zu können.

Kiwi-Ananas-Konfitüre

Zutaten:

500 g frische Ananas, vorbereitet gewogen
500 g Wiener Gelierzucker 2:1
500 g Kiwis
3 EL Kokosette
2 EL Limettensaft

Ananas in kleine Stücke schneiden. Die Fruchtstücke mit Gelierzucker vermischen und 1–2 Stunden kühl stellen.

Kiwis schälen, zerteilen und mit einer Gabel zerdrücken. Mit Kokosette und Limettensaft zur Ananas-Gelierzucker-Mischung geben, unter Rühren aufkochen und 7–8 Minuten sprudelnd kochen. Gelierprobe machen.

Noch heiß in vorbereitete Gläser füllen und gut verschließen.

Tipp:
Mit Mandarinenlikör aromatisieren!

Ingwersirup

Zutaten:

70 g geschälter und gehackter Ingwer
$^3/_4$ l Wasser
1 kg Wiener Sirupzucker für Kräuter

Ingwer im Wasser ungefähr eine halbe Stunde leicht köcheln lassen, dann abseihen.

Sirupzucker unter Rühren in den Ingwersud rieseln lassen, aufkochen und ca. 3 Minuten kochen.

In sterile Flaschen füllen, gut verschließen und kühl lagern.

Verdünnung:
1 Teil Sirup +
6 Teile Wasser

Tipp:
Diesen pikant-scharfen Ingwersirup zum Aromatisieren von Tees und Würzen von Saucen und asiatischen Gerichten verwenden.

Wiener Sirupzucker für Holunderblüten & Kräuter
Feinkristallzucker mit Zitronensäure im richtigen Verhältnis gemischt, zur schnellen und einfachen Zubereitung von selbst gemachten Sirupen aus Holunderblüten & Kräutern. Ohne Konservierungsmittel, ohne Farbstoffe oder Aromen.

Bananen-Dattel-Konfitüre

Zutaten:

300 g frische Datteln
300 ml Maracuja-Fruchtsaft
500 g Wiener Gelierzucker 3:1
1,2 kg reife Bananen
Saft von 2 Limetten
Rum (60 Vol.-%)

Datteln entkernen und in kleine Stücke schneiden. Mit Maracujasaft und Gelierzucker vermengen und 1–2 Stunden kühl stellen.

Bananen schälen, in Scheiben schneiden, mit Limettensaft beträufeln und mit der Gabel zerdrücken.

Dattel-Gelierzucker-Masse unter Rühren aufkochen, 4 Minuten sprudelnd kochen. Bananen dazugeben und rasch mit dem Schneebesen darunterrühren. Wieder zum Kochen bringen und ca. 4 Minuten kochen. Gelierprobe machen.

Randvoll in sterile, mit Rum ausgespülte Gläser füllen, gut verschließen und für 10 Minuten auf den Kopf stellen.

Tipp:
Reife Bananen erkennt man an den kleinen braunen Flecken auf der Schale.

Bunte Weintraubenkonfitüre

Zutaten:

1 kg süße weiße und blaue Weintrauben
500 g Wiener Gelierzucker 2:1
2 EL Zitronensaft
1 Zweig Zitronenverbene
1/8 l Traminer Spätlese (halbtrocken)

Weintrauben waschen und abtropfen lassen. Weinbeeren abrebeln, halbieren und die Kerne entfernen. In einem Topf mit allen Zutaten mischen und zugedeckt über Nacht kühl stellen.

Unter Rühren aufkochen, 7–9 Minuten sprudelnd kochen. Gelierprobe machen. Zitronenverbene entfernen und rasch in vorbereitete Gläser füllen.

Zwiebelkonfitüre

Zutaten:

700 g rote Zwiebeln
30 g Butter
200 g Wiener Braunzucker
1 TL Salz
$^{1}/_{4}$ l süßer Weißwein (z. B. Muskat Ottonel Spätlese)
6 EL Aceto Balsamico Tradizionale

Zwiebeln fein schneiden und in der erhitzten Butter kurz anrösten. Braunzucker darin schmelzen, Salz dazugeben und bei schwacher Hitze ca. 30 Minuten dünsten. Mit Weißwein aufgießen und ca. 30 Minuten leicht köcheln lassen, bis die Masse sämig ist. Balsamico darunterrühren und in kleine sterile Gläser füllen.

Tipp:
Schmeckt zu kräftigem Käse!

Red & hot

Paradeiser-Chutney

Zutaten:

1,5 kg gut gereifte Fleischparadeiser
500 g Schalotten
2 EL Olivenöl
200 g Wiener Braunzucker
$^1/_8$ l Tomatenessig
3 Chilischoten
50 g frischer Ingwer
1 Msp. Cayennepfeffer
1 EL Meersalz
1 Zweig Basilikum

Paradeiser schälen, Strunk und Kerne entfernen und in Stücke teilen. Schalotten fein hacken und im erhitzten Öl anrösten. Paradeiserstücke und Braunzucker dazugeben, kurz anrösten und mit Essig ablöschen.

Die geputzten, entkernten, fein gehackten Chilischoten und den geraspelten Ingwer mit den Gewürzen dazugeben. Unter Rühren aufkochen und bei milder Hitze in ungefähr einer Stunde zu breiartiger Konsistenz kochen.

Die fein gewiegten Basilikumblätter darunterheben, in sterile, noch warme Gläser füllen, gut verschließen, kühl und trocken aufbewahren. Vor dem Verzehr einige Wochen durchziehen lassen.

Tipp:
Gläser vor dem Befüllen mit Gin ausspülen!

Quitten-Zitronen-Chutney

Zutaten:

700 g Quitten
300 g Wiener Braunzucker
100 g Rosinen
3 große Zitronen
2 Schalotten
1 Knoblauchzehe
200 ml Ingwersirup
$^1/_8$ l milder Weißweinessig
½ TL Zimt
½ TL Koriander
½ TL grob geriebener schwarzer Pfeffer
1 Msp. gemahlener Kardamom

Quitten mit einem Tuch abreiben, waschen, vierteln, schälen und das Kerngehäuse entfernen. In kleine Würfel schneiden und mit Braunzucker und Rosinen vermengen.

Zitronen schälen, filetieren und in Stücke schneiden. Schalotten und Knoblauchzehe fein hacken, mit Ingwersirup in die Quitten-Braunzucker-Mischung rühren, unter Rühren erhitzen und mit Essig ablöschen.

Zitronenfilets und die Gewürze dazugeben. Bei mäßiger Hitze und leicht geöffnetem Deckel ca. 30 Minuten köcheln lassen. Gelegentlich umrühren.

Das Chutney in sterile, heiße Gläser füllen, gut verschließen und im Backrohr bei 75 °C 25 Minuten pasteurisieren.

WINTER

Mango-Chutney

Zutaten:

2 reife Mangos
(ca. 600 g)
150 g Wiener Brauner
Rohrzucker kristallin
1 weiße Gemüsezwiebel
4 cl Balsamessig Himbeer
100 ml trockener, leichter
Weißwein
(z. B. Sauvignon blanc)
1 Chilischote
6 Stück kandierter
Ingwer
1 Vanilleschote
6 Grüne Kardamom-
kapseln
1 TL Zimt
1 TL Piment

Mangos halbieren, Kerne entfernen, Mangos schälen und in kleine Würfel schneiden.

Rohrzucker in einer beschichteten Pfanne schmelzen, die fein gehackte Zwiebel darin karamellisieren. Mit Essig und Wein ablöschen. Die Mangowürfel, die halbierte, entkernte, in feine Streifen geschnittene Chilischote, den in Scheiben geschnittenen Ingwer, die halbierte Vanilleschote und das ausgekratzte Mark, die zerstoßenen Kardamomsamen sowie die Gewürze darunterrühren.

Bei milder Hitze köcheln lassen, bis die Mango weich ist. Ab und zu umrühren. Dann mit dem Pürierstab pürieren, sodass noch Mangostückchen übrig bleiben. Unter Rühren 5–10 Minuten leicht köcheln lassen, bis das Chutney eine leicht dickliche Konsistenz aufweist.

Vanilleschote entfernen und das Chutney in sterile, noch warme Gläser füllen. Für eine längere Haltbarkeit im 75 °C heißen Backrohr 25 Minuten pasteurisieren. An einem kühlen Ort lagern und bald verbrauchen.

Tipp:
Ein spezielles Gericht wird daraus, wenn man Mango-Chutney mit Amaranth genießt: Dafür 100 g Amaranth mit 300 ml klarer Gemüsesuppe aufkochen, bei milder Hitze 30 Minuten köcheln und 10 Minuten auf der abgeschalteten Herdplatte ausdünsten lassen. Mit Mango-Chutney anrichten.

Grapefruit-Kirsch-Marmelade

Zutaten:

1 Grapefruit
750 g TK-Kirschen, entkernt gewogen
1 kg Wiener Gelierzucker 1:1
1 TL abgeriebene Schale einer unbehandelten Limette

Grapefruit schälen und filetieren. Die Kirschen antauen lassen. Das Fruchtfleisch beider Obstsorten (mit dem ausgetretenen Saft) im Standmixer pürieren.

Das Mus mit Gelierzucker und Limettenschale verrühren, rasch aufkochen und unter ständigem Rühren 7–9 Minuten kochen. Gelierprobe machen.

Die Marmelade in vorbereitete Gläser füllen und gut verschließen.

Zitrussirup

Zutaten:

6 Orangen
5 große Grapefruits
3 Limetten
1 kg Wiener Sirupzucker für Kräuter

Zitrusfrüchte halbieren und auspressen. Den Saft durch ein feines Sieb in ein Küchenmaß seihen. $^3/_4$ l Fruchtsaft abmessen, in einem Topf mit dem Sirupzucker unter Rühren erhitzen und 3 Minuten kochen.

Sirup in sterile Flaschen füllen, gut verschließen und kühl lagern.

Verdünnung: 1 Teil Sirup + 6 Teile Wasser

Tipp:
Nach dem Öffnen im Kühlschrank lagern!

Maroni-Bratapfel-Marmelade

Zutaten für die Maronimarmelade:

1 kg Maroni
400 g Wiener Brauner Rohrzucker kristallin
1 Vanilleschote

Zutaten für die Bratapfelmarmelade:

1 kg Äpfel (z. B. Boskop, Braeburn)
50 g Marzipan
2 EL Wiener Brauner Rohrzucker kristallin
50 g geriebene Mandeln
Saft einer halben Zitrone
1 EL Mandellikör (21 Vol.-%)
1 TL Zimt
Butter
250 g Wiener Gelierzucker 2:1

Maroni mit Wasser bedeckt 20 Minuten kochen. Herausnehmen und schälen. In frisches, kochendes Wasser geben und ungefähr eine halbe Stunde leicht köcheln lassen, bis die Maroni so weich sind, dass sie sich zwischen zwei Fingern zerdrücken lassen.

Äpfel waschen, Kerngehäuse ausstechen und auf ein mit Backpapier ausgelegtes Backblech geben. Marzipan raspeln oder in kleine Stücke schneiden, mit 2 EL Rohrzucker, Mandeln, Zitronensaft, Mandellikör und Zimt mischen und in die Äpfel füllen. Mit zerlassener Butter bestreichen. Im vorgeheizten Backrohr bei 200 °C 30–40 Minuten braten.

Maroni im Mixer pürieren und 600 g abwiegen. Rohrzucker mit 200 ml Wasser sirupartig einkochen. Das Maronimus unter Rühren erhitzen, die der Länge nach halbierte Vanilleschote und das ausgekratzte Mark dazugeben, nach und nach den Zuckersirup darunterrühren. Ungefähr 15 Minuten köcheln lassen, bis die Masse am Kochlöffel haften bleibt.

Bratäpfel durch die Flotte Lotte passieren. Die abgekühlte Masse mit Gelierzucker mischen und unter ständigem Rühren ca. 5 Minuten sprudelnd kochen. Marmeladen abwechselnd in dünnen Schichten in vorbereitete Gläser füllen.

Tipp:
An einem dunklen, trockenen und kühlen Ort gelagert, hält sich diese Marmelade bis zu drei Monate.

Orangen in Rum

Zutaten:

4 große Orangen
20 g Pistazienkerne
125 g Wiener Kandiszucker weiß
100 ml Wasser
$^1/_4$ l weißer Rum
(40 Vol.-%)

Orangen schälen und filetieren. Orangenfilets in ein steriles, gut verschließbares Glasgefäß schlichten und die gehackten Pistazienkerne dazugeben.

Kandiszucker mit Wasser so lange kochen, bis sich die Kristalle aufgelöst haben. Die Zuckerlösung nach dem Abkühlen mit Rum mischen und die Orangenfilets mit der Lösung bedecken. Früchte ca. 2 Wochen darin ziehen lassen.

Ananas-Orangen-Konfitüre

Zutaten:

1 Baby-Ananas
500 g Wiener Gelierzucker 2:1
600 g Orangenfruchtfleisch (ca. 1 kg Orangen)
4 cl Kokoslikör
(16 Vol.-%)

Ananas auf einen Teller stellen, von der äußeren Schale befreien und vierteln. Den Strunk entfernen, 400 g Fruchtfleisch abwiegen und in kleine Stücke schneiden. Mit dem ausgetretenen Fruchtsaft in einen Topf geben und mit Gelierzucker verrühren.

Orangen schälen und filetieren, dabei den Saft auffangen und die Kerne beiseitelegen. 600 g abwiegen und mit dem Orangensaft im Standmixer pürieren.

Das Orangenmus mit der Ananas-Zucker-Mischung verrühren. Die Kerne in ein Mullsäckchen geben und in den Topf hängen. Zugedeckt an einem kühlen Ort 1–2 Stunden ziehen lassen.

Die Masse unter Rühren aufkochen und 7–9 Minuten sprudelnd kochen. Gelierprobe machen.

Topf von der Herdplatte nehmen, Mullsäckchen entfernen, den Likör einrühren und die Konfitüre in vorbereitete Gläser füllen. Gut verschließen und kühl stellen.

Variante:
Mit Blutorangen zubereiten!

English Breakfast Marmalade

Zutaten:

6 Bio-Bitterorangen
1 Bio-Zitrone
1,2 l Wasser
1 kg Wiener Bio Kristallzucker

Die sorgfältig gewaschenen Bitterorangen schälen. Die Schalen in feine Streifen schneiden. Die Orangen filetieren, dabei den Saft auffangen. Die Kerne in ein Mullsäckchen geben und zubinden.

Orangenfilets, -schalenstreifen, -saft und den Zitronensaft in das Wasser geben, das Mullsäckchen hineinhängen und unter Rühren aufkochen. Bei milder Hitze 1½ Stunden im offenen Topf leicht köcheln lassen.

Bio Kristallzucker hineinrühren und sprudelnd kochen, bis die Marmelade eine geleeartige Konsistenz annimmt. Das Mullsäckchen entfernen und die Marmelade in kleine, vorbereitete Gläser füllen.

Tipp:
Bei den meisten Zitrusfrüchten befindet sich das fruchteigene Pektin in den Kernen, daher gelingt die Gelierung besser, wenn man sie mitkocht.

Schon gewusst?
Bitterorangen, auch Pomeranzen genannt, sind zwar nicht in Supermärkten, aber zu Jahresbeginn – aus dem Mittelmeerraum kommend – in Bioläden erhältlich.
Ihren Namen erhielt diese Zitrusfrucht, weil der weiße Schalenanteil und die Zwischenhäute bitter schmecken. Bitterorangen-Marmelade ist in England sehr beliebt.

Wintermarmelade

Quitten-Clementinen-Marmelade

Zutaten:

1 kg Quitten
300 g Clementinen
1 kg Wiener Gelierzucker 1:1
2 Zimtstangen
1 Sternanis
1 TL geriebene Zitronenschale
1 TL geriebene Orangenschale

Quitten mit einem Tuch abreiben, waschen, vierteln, das Kerngehäuse entfernen und die Früchte in grobe Stücke schneiden. Die Clementinen unter heißem Wasser waschen.

Quittenstücke knapp mit Wasser bedecken, die Clementinen darauflegen und alles zugedeckt weich dünsten.

Abgekühlte Clementinen vierteln, von den Kernen befreien und mit der Schale in möglichst dünne Streifen schneiden.

Quitten und Saft mit der Flotten Lotte passieren. Quittenmus mit den Clementinenstreifen und dem ausgetretenen Saft mischen. Sobald die Fruchtmasse abgekühlt ist, Gelierzucker darunterrühren, Gewürze, Zitronen- und Orangenschale dazugeben und kühl gestellt 1–2 Stunden ziehen lassen.

Unter Rühren zum Kochen bringen und 5 Minuten sprudelnd kochen. Gelierprobe machen. Topf von der Herdplatte nehmen. Zimtstangen und Sternanis entfernen, die Marmelade in vorbereitete Gläser füllen und sofort verschließen.

Wiener Gelierzucker 1:1

Der klassische Wiener Gelierzucker 1:1 ist Feinkristallzucker, vermengt mit Pektin und Zitronensäure. Die Inhaltsstoffe bewirken die Gelierung und der Zucker wirkt konservierend. Früchte ganz einfach im Verhältnis 1:1 mit Wiener Gelierzucker zubereiten.

Silvestergelee

Limetten-Prosecco-Gelee mit kandierten Veilchen

Zutaten:

200 ml Limettensaft (ca. 6 Limetten)
400 ml Prosecco (2 Piccolo-Flaschen)
700 g Wiener Gelierzucker 1:1
2 Zweige Zitronenminze
kandierte Veilchen

Limetten waschen, die Blütenansätze wegschneiden, der Länge nach halbieren und auspressen. Die Kerne beiseitelegen. Limettensaft durch ein feines Sieb in einen Messbecher leeren und 200 ml abmessen. In einem Topf mit Prosecco und Gelierzucker verrühren.

Die ausgepressten Schalen von zwei Limetten und die Kerne in ein Mullsäckchen geben, zubinden und in den Topf hängen. Zitronenminze dazugeben. Unter ständigem Rühren aufkochen und 7–9 Minuten sprudelnd kochen. Gelierprobe machen. Topf von der Herdplatte nehmen. Mullsäckchen und Zitronenminze entfernen.

Das Gelee kochend heiß in möglichst kleine, vorbereitete Gläser füllen und locker verschließen. An einem kühlen Ort halbfest werden lassen.

Noch einmal öffnen, jeweils einige kandierte Veilchen auf das Gelee legen und mit Hilfe eines sterilen Spießes verteilen. Gut verschließen und einige Tage ruhig an einem kühlen Platz stehen lassen.

Variante:
Anstelle der kandierten Veilchen hauchdünn geschnittene Orangenschalen, in etwas Orangenfruchtsaft weich gekocht, im Gelee versenken.

Himmlische Kochbuch-Serie von Welt der Frau und Wiener Zucker

Diese drei Bücher sind in der Kochbuch-Serie bereits erschienen:

Himmlische Kekse

Einzigartige Rezepte für Weihnachten, festliche und gesellschaftliche Anlässe oder für die Familie. Einfach zum Nachbacken. Eine Inspiration für alle KeksbäckerInnen. Eine Verführung zum Selbermachen. Mit vielen Bildern!

- Kekse für Weihnachten
- Kekse für festliche Anlässe (Hochzeiten, Taufen u. v. m.)
- Kekse für gemütliche Stunden in geselliger Runde (Damen- und Herrenabende)
- Kekse backen für Kinder

Himmlische Sünden

Einzigartige Rezepte für Gugelhupfe, Kuchen, Schnitten und Torten.

- Eine Inspiration für erfahrene KuchenbäckerInnen und EinsteigerInnen – eine Verführung zum Selbermachen!
- Einfach zum Nachbacken, reich illustriert

Himmlische Strudel

Einzigartige Rezepte für süße Strudel, Palatschinken, Aufläufe, Knödel, Nudeln und Tascherln.

- Süße Mehlspeisen – eine Verführung zum Selberbacken
- Wertvolle Inspiration für erfahrene BäckerInnen
- Einfach zum Nachbacken für EinsteigerInnen
- Reich illustriert – ein besonderes Geschenk

Bestellen bei Welt der Frau oder Wiener Zucker:
www.welt-der-frau.at
www.wiener-zucker.at

Das Weichsel-Chutney ist im Glas und ich bin auf Seite 25.
welt der frau
Die österreichische Frauenzeitschrift
Juli/August 2011
Über Generationen hinweg
Frauen, die uns beeindrucken
Rosamunde Pilcher
»Ich bin ein Glückskind«
Ein Tag beim Seriendreh
Zur Operation, Studio 3, bitte!
Die wichtigsten Zutaten für mein Leben finde ich Monat für Monat in meiner „Welt der Frau“: inspirierende Menschen, PartnerInnen, FreundInnen und Familie. Jetzt im Abo ohne Bindung: 11 Ausgaben inkl. Sommerdoppelnummer oder als Einzelausgabe. Einfach bestellen auf www.welt-der-frau.at, per E-Mail aboservice@welt-der-frau.at oder per Telefon 0732 77 00 01-14.
welt der frau